GUIDE DES PLAISIRS À PARIS

Guide

des Plaisirs

à Paris

Paris le jour - Paris la nuit
Où dîner - Où souper
Les dessous de Paris
Comment on s'amuse
Où l'on s'amuse - Ce qu'il faut voir
Ce qu'il faut faire

Nouvelle édition revue complètement mise à jour

ADMINISTRATION : 53, QUAI DES GRANDS-AUGUSTINS
PARIS

Les Plaisirs à Paris

Il n'y a pas de ville au monde où les plaisirs soient plus nombreux et plus variés qu'à Paris.

Tout distrait, tout amuse, tout enchante.

En flânant dans les rues, sur les boulevards, dans les promenades publiques, le long des quais de la Seine, que de scènes jolies et pittoresques, que de tableaux vivants !

C'est la ville d'art par excellence où la curiosité, les surprises et les émotions les plus intenses se renouvellent sans cesse.

Mais pour pouvoir connaître dans ses moindres recoins une ville comme Paris, il faut être guidé.

C'est pourquoi dans ce volume, nous nous sommes efforcé de mettre l'étranger au courant de ce qu'on appelle la *Vie à Paris*.

Avec notre livre, on aura la clef d'or qui ouvre les Paradis parisiens ; et l'on saura les portes qu'il ne faut pas franchir !

Notre expérience de vieux Parisien servira à

régler les pas et à préserver la marche de ceux qui s'aventurent dans les dédales de Paris.

Qui dit expérience dit science !

Il y a aussi une science des Plaisirs de Paris qu'on n'acquiert qu'à ses dépens et avec beaucoup de déboires.

Notre livre a pour but d'épargner à l'étranger ces déboires et ces désillusions....

Ce qu'on doit connaître
pour s'éviter
toutes sortes de petits désagréments

CIRCULATION DES VÉHICULES

Si vous conduisez une auto ou une voiture, gardez votre droite, contournez les refuges toujours à droite.

Obéir aux gardiens de la paix qui assurent le service avec un bâton blanc et un sifflet d'appel, car les règlements de police sont très strictement observés à Paris.

Les automobiles venant de l'étranger doivent porter un numéro international spécial qui est délivré à la frontière.

L'emploi de la trompe ordinaire est obligatoire pour les automobiles (ni klakson ni sifflet). Eclairage : deux feux blancs à l'avant, un feu rouge à l'arrière rendant visible le numéro de l'automobile. Pas de phares dans Paris.

LES TAXI-AUTOS

Tarif du jour. — De 6 h. 30 du matin à 23 heures. Prix marqué sur le voyant « Tarif 1 ».

Tarif de nuit. — De 23 heures à 6 h. 30 du matin. Prix double de celui du tarif de jour marqué sur le voyant « Tarif 2 ».

Si, à partir **du moment où l'on a quitté** l'enceinte de Paris, l'on s'est promené et que l'on quitte la voiture hors Paris, l'indemnité de retour est due, à raison de 2 fr. le kilomètre jusqu'à 30 kilomètres et de 2 fr. 50 au delà (plus la taxe de 1 fr. de sortie). L'indemnité s'établit d'après une carte visée que doit posséder le conducteur.

Les voyageurs ne doivent payer exclusivement que les sommes marquées aux voyants : « PRIX A PAYER » et « SUPPLÉMENTS », sauf le pourboire. Vérifier la somme marquée au départ, surtout la nuit.

En cas de panne, le voyageur n'en paie pas la durée ; il peut, soit quitter la voiture en payant la somme marquée, si cette somme est supérieure à 0 fr. 75, soit la garder et, dans ce cas, il doit exiger que le conducteur fasse apparaître le mot « PANNE » dans le voyant « Tarif », ce qui arrête le taximètre pendant la durée de la réparation.

Le pourboire est facultatif mais l'usage est de le donner généreusement lorsque le conducteur fait bien son service (20 à 25 %).

Les conducteurs devront marcher aux prix et conditions du tarif : 1°) aux stations ; 2°) sur la voie publique, lorsqu'ils auront répondu à l'appel du voyageur.

Cependant, à partir de 19 h. 30 et pendant l'heure du déjeuner ils sont autorisés à mettre en évidence une gaine de « direction » qui indique leur dépôt et, dans cette direction approximative seule, on peut les contraindre à marcher. Ceux qui ont le drapeau blanc à leur taximètre doivent répondre à tout appel.

À ce sujet aussi bien que pour le règlement, s'ils outrepassent leurs droits, faire intervenir un gardien de la paix qui règle la question.

FIACRES

Il reste encore à Paris quelques échantillons de cette voiture découverte, traînée par un cheval, fort agréable pour les gens paisibles, lorsqu'il s'agit d'une promenade aux Champs-Elysées ou au Bois. Malheureusement, la plupart de ces véhicules sont démodés et peu élégants.

Les transports de nuit hors Paris ne sont pas obligatoires. Été, à partir de minuit ; hiver, à partir de 22 h.

Suppléments. — Passage des fortifications (sortie de Paris) : 1 fr. (Ce supplément n'est pas dû pour toute voiture ramenée dans Paris par le voyageur.)

Indemnité de retour : 1 fr. pour voiture laissée hors de l'enceinte fortifiée, y compris les Bois de Boulogne et de Vincennes, par kilomètre suivant carte visée par la Préfecture de la Seine, que doit posséder le cocher.

AUTOS DE LUXE

On les trouve autour de l'Opéra : boul. des Capucines (devant le café de la Paix) ou rue Auber.

Leurs conducteurs, la plupart du temps propriétaires de leurs voitures, traitent de gré à gré avec les demandeurs. Ces automobiles sont surtout utiles pour les excursions, les courses, les soirées de gala, les théâtres, les visites mondaines. Elles sont soumises à un règlement du Préfet de Police pour les infractions ou les incorrections. En cas de discussion appeler un agent ou à défaut se faire conduire au commissariat de police le plus proche.

TABAC

Tabac français et étranger. — *Cigarettes et cigares tabacs ordinaire et de luxe, tabacs à priser.*

La vente des tabacs est un monopole de l'Etat. Les tabacs français sont très cotés ; les cigares même le meilleur marché sont agréables.

Certains débits sont très luxueusement installés et achalandés en tabacs français et étrangers (*la Civette*, 157, rue Saint-Honoré ; *les Tabacs et Cigares de luxe*, boul. des Capucines, et face du Grand Hôtel).

Les principaux tabacs français sont : le *caporal ordinaire*, le *caporal supérieur*, le *maryland*, le *levant ordinaire* ou *supérieur* et le *vizir supérieur*. Ils sont vendus en paquets de 40 à 50 grammes. On en fait également des cigarettes qui se débitent en boîtes de 10 ou de 20 et de 100.

Les cigares français sont les *picaduros, londrecitos, milares, camelias* et *regalias*.

On trouve aussi dans les bureaux de tabac des timbres postaux, des cartes-télégrammes et postales.

MÉDECINS ET PHARMACIENS DE NUIT

Pendant la nuit, il est parfois difficile de se procurer un médecin. On peut, à partir de 21 heures en hiver et de 22 heures en été, le demander par les soins du poste de police le plus voisin.

Là, un agent cycliste est désigné pour aller requérir le docteur de permanence, l'amener et faire exécuter dans une pharmacie de nuit les médicaments prescrits. Il est dû 20 fr. pour le médecin ; le service de l'agent est gratuit.

Pharmacies ouvertes la nuit : 10, place Sainte-Opportune (1er arr.). — 178, rue Montmartre (2o arr.). —

— 20, place de la Nation (12º arr.). — 24, avenue de Châtillon (14º arr.). — 130 *bis*, avenue d'Orléans (14º arr.).

LES CERCLES

Quelques cercles élégants et confortables sont accessibles sur des présentations qualifiées aux étrangers qui séjournent un certain temps à Paris : *Cercle de l'Escrime*, 5, rue Volney ; *Cercle de la Presse et Cercle des Capucines*, 6, boul. des Capucines ; *Cercle du boul. Haussmann*, au 19 ; *Cercle anglais*, 3 *bis*, rue de la Chaussée-d'Antin ; *Cercle des Lettres et des Arts*, 36, rue Vivienne ; *Cercle méridional*, 15, boul. Poissonnière, etc.

Cercle d'escrime Las-Cazes, 6, rue Las-Cazes (Armes).

BAINS, PISCINES, HYDROTHÉRAPIE

Certains, pour hommes et pour femmes, comme la *Piscine du Claridge*, 74, avenue des Champs-Elysées, ou *le Hammam*, 18, rue des Mathurins, sont parfaits et somptueusement installés.

Les Etablissements de Bains chauds (simples ou médicaux) élégants et confortables. Le *Palais de la Natation* 26, rue de Chazelles (établissement de 1er ordre) ; *Piscine Château-Landon*, rue Château-Landon ; *Piscine de la Gare*, boul. de la Gare, mixtes, le matin et de 2 h. à 4 h.

Ils ont les uns et les autres des masseurs, manucures et pédicures attachés à leur établissement.

En Seine, l'été, les bains froids sont très fréquentés. La plupart sont mixtes de 10 h. à midi et de 17 h. à 19 h. en été : *Bains parisiens*, pont au Change (H.) ; *Bains du Louvre*, pont des Arts (M.) ; *Bains Deligny* et

Bains Carlier, pont de la Concorde (M.) ; *Bains du Pont de Grenelle* (M.).

Les *Bains Deligny* sont très bien aménagés.

Piscines populaires : 31, rue Château-Landon ; 2, rue des Fillettes ; 45, boul. de la Gare ; 8, avenue Ledru-Rollin ; 160, rue Oberkampf ; 5, place Paul-Verlaine ; 296, rue des Pyrénées. Ce sont des piscines tièdes.

Piscines d'été : 1, rue Rouvet.

⊗ ⊗ ⊗ Les pourboires ⊗ ⊗ ⊗

Au garçon, jamais moins de 10 o/o dans les grands restaurants. Le pourboire augmente et se donne en proportion du nombre des personnes servies. Le pourboire se laisse dans l'assiette où le garçon a apporté l'addition (la « note »).

Au maître d'hôtel. — Dans les grands restaurants on donne si on le désire un pourboire au maître d'hôtel, si celui-ci s'est bien occupé de vous. Il n'y a pas de maximum, mais ne jamais donner moins de 10 francs.

Au sommelier. — Dans les grands restaurants. Pas obligatoire. De 3 à 10 francs, mais jamais moins.

Au chasseur, on donne 1 fr. à 3 fr. pour le vestiaire. Pour une course, on donne de 3 à 10 fr. selon la distance.

Au théâtre, à l'ouvreuse, 1 franc pour un fauteuil, de 2 fr. à 5 fr. pour une loge à plusieurs personnes.

A un conducteur de taxis (Voir page 8).

Au coiffeur, pour une barbe, de 0 fr. 50 à 2 francs ; pour les cheveux, la barbe et soins, 2 à 5 francs.

Calendrier des plaisirs ⊕ ⊕ ⊕ ⊕ ⊕ ⊕ et des curiosités de Paris

Les plaisirs de Paris sont à la fois des plaisirs des yeux et de l'intelligence.

Ils sont aussi nombreux que variés et attrayants ; il y en a pour tous les goûts, pour toutes les bourses.

Aussi avons-nous pensé être utile aux étrangers en indiquant dans une sorte de calendrier, quels sont les jours recommandés pour faire certaines visites ou promenades.

Plaisirs et Promenades que l'on peut s'offrir à Paris le matin, l'après-midi, le soir.

Les musées et les monuments publics sont en général ouverts tous les dimanches et tous les jours, sauf quelques-uns le lundi ou le mardi matin.

Dimanche. — Le matin, départ pour excursions diverses : Versailles, Fontainebleau, Saint-Germain, Chantilly (ce dernier château est fermé les jours de courses).

Il est préférable de visiter en semaine les musées ou monuments, la foule du dimanche étant considérable.

A 13 h. 30, les courses à Auteuil, Longchamp, Chantilly, fêtes sportives. (Consulter les journaux.)

A 14 h. 30, matinées dans les théâtres, music-halls cinémas et grands concerts (voir p. 72). (Consulter les journaux.)

Quelques excursions :

Château et Donjon de Vincennes, Bois de Vincennes.
Bois de Boulogne.
Jardin d'Acclimatation.

Bords de la Marne.

Saint-Denis (la basilique et les tombeaux des rois).

Lac d'Enghien.

Montmorency.

Voyage en bateau jusqu'à Saint-Cloud (la Manufacture de Sèvres et la forêt).

Chantilly (château et forêt).

Fontainebleau (forêt).

Versailles (parc et château).

Robinson (restaurants dans les arbres, bals populaires).

Le soir, dîner au Bois ou aux Champs-Elysées, tournée de la butte Montmartre (voir p. 98).

Lundi. — Les musées sont généralement fermés. Les grands magasins de nouveautés n'ouvrent qu'à 13 h. 30.

Vers midi, la rue de la Paix, la place de l'Opéra, les boulevards (au moment où les midinettes vont déjeuner).

L'après-midi, visite aux Invalides ou promenade en Seine (voir p, 40) jusqu'au bois de Suresnes, retour Porte Maillot.

Le soir, spectacles variés (voir p. 72).

Mardi. — A 10 h., le musée des Monnaies.

L'après-midi, le pavillon de Marsan ou le musée du Louvre.

Mercredi. — Le matin, visite du musée Carnavalet. L'après-midi les égouts de Paris (1er et 3º mercredis).

Jeudi. — Le matin, Bibliothèque Nationale.

L'après-midi, les Gobelins, Palais de Justice (Sainte-Chapelle et Conciergerie), Sorbonne (Tombeau de Richelieu).

Vendredi. — Le matin, Chapelle expiatoire de Louis XVI et le Marché des diamantaires, la Bourse de Commerce.

Vers midi, la Bourse aux Valeurs.

Le soir. Les programmes des cinémas changent tous les vendredis sauf certains cinémas des boulevards qui gardent le même film en exclusivité pendant plusieurs semaines.

Samedi. — Avant 8 h., les Halles Centrales.

L'après-midi, Tombe de Pasteur (Institut Dutot), Catacombes (1er et 3e samedis), Observatoire de Paris (1er samedi).

Le soir, spectacles et bals populaires, cabarets de nuit, tournée des Grands Ducs (voir p. 121).

Tous les jours : de 16 à 19, l'heure du thé, les dancings.

Tous les soirs. — Les grands restaurants (voir p. 52), le Bois de Boulogne (voir p. 44), les théâtres artistiques et lyriques, music-halls, cinémas, etc. (voir p. 72).

Musées et Monuments publics
intéressants à visiter

Bagatelle (parc et roseraie), au Bois de Boulogne. — Tous les jours, de 9 h. à 17 h. en hiver, de 9 h. à 18 h. en été. (Gratuit.) Pourboire au gardien. (Du 15 mai au 15 août, exposition artistique).

Arc de triomphe de l'Étoile. — Tous les jours, suivant la saison. (Ticket o fr. 50 ; gratuit jeudi et dimanche).

Archives Nationales, 60, rue des Francs-Bourgeois. — Tous les jeudis, dimanches et fêtes, de 13 h. à 16 h. (ou 17 h. en été). (Gratuit.) Pourboire au gardien.

Arts décoratifs, Pavillon de Marsan, Louvre, 107, rue de Rivoli. — Tous les jours, de 10 h. à 16 h. (ou 17 h. en été), excepté les lundi et mardi matin. (Entrée 2 fr., gratuit le dimanche.)

Arènes de Lutèce, rue de Navarre. — Tous les jours. (Gratuit).

Conservatoire des Arts et Métiers, square des Arts-et-Métiers. — Du 16 avril au 14 octobre, les mardi, mercredi et samedi, de 12 h. à 16 h. Du 15 octobre au 15 avril, de 10 h. à 16 h. le dimanche, et de 12 h. à 16 h. les autres jours, sauf le lundi et le vendredi. Le dimanche et le jeudi de 10 h. à 16 h. (Gratuit).

Balzac (Maison de), 47, rue Raynouard. — Jeudi et dimanche, de 13 h. à 17 h. (Entrée 1 fr.).

Bastille. — Tous les jours, de 10 h. à 16 h. (ou 17 h.

en été). S'adresser au gardien. (Ticket o fr. 50, gratuit jeudi après-midi et dimanche).

Beaux-Arts (Ecole des), 14, rue Bonaparte. — Le dimanche, de 12 h. à 16 h., les autres jours, de 10 h. à 16 h. (Gratuit.)

Bibliothèque Nationale, 58, rue de Richelieu. — Les lundi et jeudi, de 10 h. à 16 h. Ecrire au Secrétariat général, rue de Richelieu.

Bourse, place de la Bourse. — Tous les jours, sauf le dimanche et samedi après-midi.

Carnavalet (Musée), 23, rue de Sévigné. — Tous les jours, sauf le lundi, de 10 h. à 16 ou 17 h. (Entrée 2 fr.)

Catacombes, place Denfert-Rochereau. — S'adresser au directeur des Travaux de Paris, Hôtel de Ville, Galerie D. J. (2e étage), ou 2, place Denfert-Rochereau. A 14 h. le 1er et le 3e samedis de chaque mois. (Entrée 2 fr.)

Musée Cernuschi, 7, avenue Velasquez. — Tous les jours (Entrée 2 fr.)

Chambre des Députés, place du Palais-Bourbon. — Pendant les vacances parlementaires, peut être visitée. Ecrire au Secrétariat général.

Chapelle expiatoire, 73 *bis*, boulevard Haussmann. — Tous les jours, excepté le lundi, de 12 h. à 16 h. (Entrée o fr. 50.)

Conciergerie, 1, quai de l'Horloge (anciennes cuisines de saint Louis). — Le jeudi, de 9 h. à 17 h., demander autorisation au Directeur des Prisons (Préfecture de Police) (Entrée 2 fr.)

Musée de Cluny, 24, rue du Sommerard. — Tous les jours, entrée 2 fr. Le dimanche gratuit.

Criminalogie (Musée de), 36, quai des Orfèvres. — Le jeudi de 14 h. à 17 h. Ecrire pour autorisation à la Préfecture de Police.

Égouts. — Demander autorisation. (De mai à septembre, le 1er et le 4e samedis du mois.) S'adresser à l'Administration des Egouts, 9, place de l'Hôtel-de-Ville. (Entrée 3 fr.)

Tour Eiffel, Champ de Mars. — Tous les jours, de 10 h. à 18 h., sauf en hiver. (Entrée 5 fr.)

Musée Galliera, 10, avenue Pierre-Ier-de-Serbie. — Tous les jours, de 10 h. à 16 h., sauf le lundi. (Entrée 2 fr. Gratuit le dimanche.)

Gobelins (Manufacture des), 42, avenue des Gobelins. — Le jeudi, de 13 h. à 18 h. (Gratuit.)

Grand Palais (Palais des Expositions), avenue Alexandre-III. — Palais des Salons annuels : Automobile, Beaux-Arts, Aviation, etc. (Entrée 2 fr. les jours ordinaires, excepté les jours d'inauguration où les entrées sont de 20 fr., et les vendredis, de 10 h. à 18 h., où les entrées sont de 5 fr.)

Petit Palais (Musée), avenue Alexandre-III. — Tous les jours, de 10 h. à 18 h. (Entrée 2 fr. Gratuit le dimanche).

Musée Guimet, 7, place d'Iéna. — Tous les jours, de 12 h. à 16 h. en hiver et de 12 h. à 17 h. en été, excepté le lundi. (Entrée 2 fr. Dimanche gratuit).

Musée Gustave-Moreau, 14, rue de La Rochefoucauld. — Tous les jours, de 10 h. à 12 h. et de 14 h. à 16 h., excepté le lundi et jours de fête. (Gratuit.)

Hôtel de Ville. — Visite tous les jours, de 14 h. à 16 h. Ecrire au Secrétaire général de la Préfecture de la Seine. (Gratuit.)

Musée Jacquemart-André, 158, boulevard Haussmann. — Les mardi, jeudi, vendredi et dimanche, de 13 h. à 17 h. Entrée 2 francs.

Institut de France, 23, quai Conti. — Pour visiter, écrire 8 jours à l'avance au Directeur pour obtenir permission. Ouvert tous les jours, de 11 h. à 13 h. (Gratuit.)

Musée commercial, Agence des Colonies, 37, galerie d'Orléans, Palais-Royal. — Tous les jours, de 10 h. à 12 h. et de 12 h. à 15 h. (Gratuit.)

Institut Pasteur, 25, rue Dutot. — Le 1er et 3e samedi de chaque mois, de 13 h. à 16 h., et le matin avant 11 h. (Gratuit.)

Musée de l'Armée, entrée 2 fr. tous les jours de 12 à 16 h. Dimanche gratuit.

Invalides (Tombeau de l'Empereur). — De 12 h. à 16 h. (Entrée 2 fr. Gratuit le dimanche.)

Jardin d'Acclimatation, au Bois de Boulogne. — Tous les jours, de 9 h. à 18 h. (Entrée 2 fr.)

Jardin des Plantes, quai Saint-Bernard. — Jardins : ouverts de 11 h. à 16 h. (ou 17 h.) tous les jours. (Gratuit.) — Musées de Zoologie, d'Anatomie et de Paléontologie : ouverts de 13 h. à 16 h., excepté le lundi et le mercredi. Entrée publique les jeudi et dimanche, les autres jours sur cartes à demander à l'Administration, 67, rue Cuvier. (Gratuit.)

Louvre (Musée). — Tous les jours, de 10 h. à 17 h., excepté le lundi toute la journée et le mardi jusqu'à 13 h. (Dimanche gratuit. Les autres jours, 2 fr.)

Luxembourg (Palais et Sénat), rue de Vaugirard. — Tous les jours, de 10 h. à 17 h., pendant les vacances parlementaires. — Le Sénat peut être visité par autorisation à demander à la Questure du Sénat.

Luxembourg (Musée), rue de Vaugirard. — Comme le Louvre.

Monnaies, 11, quai Conti. — Le mardi et le jeudi de 13 h. à 15 h. Ecrire au Directeur pour obtenir autorisation. (Gratuit.)

Notre-Dame. — Visite gratuite tous les jours, de 12 h. à 17 h., sauf les jours de fête. Visite du Trésor sur demande au gardien de la sacristie. (Trésor, entrée 1 fr.)

Observatoire, avenue de l'Observatoire. — De 14 h. à 16 h. le 1er samedi de chaque mois. Obtenir permission spéciale du Directeur. (Gratuit.)

Opéra (Musée de l'). — Tous les jours de 13 h. à 16 h. excepté le dimanche et le lundi. Fermé d'août à octobre. (Gratuit.)

Palais de Justice, boulevard du Palais. — Tous les jours, excepté le dimanche. Prendre les tickets à gauche de la Sainte-Chapelle et à commencer par elle. (Entrée 2 fr.)

Panthéon, place du Panthéon. — Tous les jours, de 10 h. à 17 h., sauf le lundi.

Père-Lachaise. — Tous les jours, de 7 h. au soir.

Musée Rodin, 77, rue de Varenne. — Tous les jours, de 13 h. à la nuit. (Entrée 2 fr., dimanche gratuit.)

Sacré-Cœur de Montmartre, 37, rue du Chevalier-de-la-Barre. — Tous les jours, de 9 h. à 18 h. Crypte, tours et pourtours des toits. (Crypte, 1 fr., dôme et pourtour, 2 fr.).

Sainte-Chapelle, dans le Palais de Justice. — Tous les jours, excepté le lundi, de 12 h. à 16 h. (Entrée 2 fr.)

Sorbonne, 7, rue des Ecoles. — Le jeudi, de 13 h. 30 à 15 h. S'adresser au concierge. Voir le Tombeau de Richelieu dans l'église de la Sorbonne, place de la Sorbonne. (Gratuit.)

Trocadéro. — Musée d'Ethnographie, les dimanche, mardi et jeudi, de 12 h. à 17 h., du 1er avril au 30 septembre, et de 12 h. à 16 h. en hiver. (Gratuit.) Musée de Sculpture : tous les jours, excepté le lundi et le mardi de 13 h. à 17 h. (16 h. en hiver). (Musée du Cambodge (entrée 1 fr.). Le musée du Cambodge fait partie du Musée de Sculpture, mais peut être visité à part ; se trouve dans l'aile ouest. Aquarium : ouvert de 10 h. à 17 h. (entrée 1 fr.)

Maison de Victor Hugo, 6, place des Vosges. — Tous les jours, de 10 h. à 17 h., excepté le lundi jusqu'à midi. (Entrée 2 fr.)

L'usage est de toujours donner un pourboire à l'employé ou au concierge qui accompagne et fournit des explications.

Institut International de Coopération Intellectuelle (Société des Nations). — Au Palais Royal, 2, rue Montpensier ; installé dans les magnifiques appartements du roi Jérôme. Cette création de la Société des Nations est destinée à favoriser les rapprochements intellectuels sous toutes leurs formes entre les peuples.

⊛ ⊛ Curiosités Périodiques ⊛ ⊛

Il convient à l'étranger de ne pas oublier les actualités de la vie parisienne qui forment un des grands attraits de la capitale.

JANVIER. — Du 25 décembre au 8 janvier, on voit sur les Grands Boulevards, entre la Madeleine et la place de la République, les **petites baraques du jour de l'an**, où l'on vend mille petits objets puérils et bon marché ; joujoux à vil prix, dernières inventions du Concours Lépine, statuettes en plâtre, vases en porcelaine sans valeur. C'est un coup d'œil amusant que de voir toute la foule entourer les camelots qui clament leur boniment à qui mieux mieux.

Salon de l'École française, au Grand Palais des Beaux-Arts.

Galerie Georges Petit. Expositions d'œuvres de nouveaux peintres ou sculpteurs.

FÉVRIER. — **Salon des Artistes décorateurs**, au Pavillon de Marsan (près des Tuileries), meubles, céramique, verrerie, dernières œuvres des décorateurs en ameublement.

Salon des Artistes indépendants, au Grand Palais.

Exposition de peinture et de sculpture, au Cercle Volney, 7, rue Volney.

MARS. — **Foire aux Jambons et à la Ferraille**, boulevard Richard-Lenoir (la semaine qui précède Pâques).

Foire aux Pains d'épices, grande fête foraine (dure un mois à partir de Pâques), place de la Nation et cours de Vincennes.

Mardi-Gras. Ce jour-là, les boulevards sont remplis de monde et de masques quoique la coutume se perde peu à peu de se déguiser pour aller se promener. Le soir, bals masqués et travestis dans tous les dancings et grands restaurants où l'on danse.

AVRIL. — Salon des Humoristes (la date est affichée quelque temps d'avance), galerie de La Boétie Extrêmement amusant. On y trouve tout l'esprit et tout l'humour de Paris, de ce Paris montmartrois universellement connu et aimé.

Exposition de Peinture, au Cercle de l'Union Artistique, 5, rue Boissy-d'Anglas.

Mi-Carême. Quoique ressemblant au Mardi-Gras la Mi-Carême est plus animée et l'on s'y déguise davantage.

Sur les boulevards passe un défilé souvent pittoresque de chars humoristiques ou artistiques où figure la Reine des Reines ou Reine des Abeilles entourée de ses demoiselles d'honneur. Bals masqués dans tous les endroits où l'on danse.

Salon de la Nationale et des Artistes français. Ce Salon, qui faisait l'objet jadis de deux expositions différentes, est maintenant réuni en un seul. Il a lieu au Grand Palais et dure généralement jusqu'au 30 juin. L'entrée est de 2 francs, sauf le jour du vernissage où il est de 20 francs.

Exposition du Fleuriste municipal, 3, route départementale, à Boulogne-sur-Seine.

Concours hippique, au Grand Palais. Courses de gentlemen et surtout d'officiers. Endroit très mondain.

MAI. — 1er mai : **Fête du muguet.** La coutume veut qu'offrir des fleurs de muguet ce jour-là porte bonheur à qui les reçoit. On en vend partout et tout le monde en achète. C'est une des grandes fêtes des midinettes et des trottins.

1er dimanche : **Fête du muguet aux Halles,** cortège aux Halles Centrales, vers 14 heures.

3e dimanche : **Fête foraine des Invalides** (dure 5 jours), amusante et curieuse.

Exposition canine (dure 3 jours), aux Tuileries.

Exposition d'horticulture, à Auteuil.

Foire de Paris, esplanade des Invalides, Cours la Reine et Champ de Mars. Grand marché national de tous les produits français.

Fête de l'Aéro-Club, au jardin des Tuileries. Enlèvement de ballons.

JUIN. — 1er dimanche : **Prix de Diane,** à l'hippodrome de Chantilly.

2e dimanche : **Prix du Jockey-Club,** à Chantilly.

3e dimanche : **Grand Steeple,** à l'hippodrome d'Auteuil.

Vendredi précédant le Grand Prix : **Journée des Draggs,** à Auteuil.

4e dimanche : **Grand Prix de Paris,** à l'hippodrome de Longchamp.

La Fête à Neuilly (2e dimanche ; dure 3 semaines) sur l'avenue de Neuilly ; coup d'œil pittoresque et amusant.

Grande Fête aux Tuileries de l'Union des Sociétés d'Education physique et de Préparation militaire (généralement le 2ᵉ dimanche).

Salon du Goût français, au Palais de Glace.

Exposition nautique, au port des Yachts à Bagatelle.

Fête foraine de Ménilmontant et de Belleville (dure 15 jours), très populaire et très animée le soir.

JUILLET. — Prix du Président de la République (250.000 fr.) le 1ᵉʳ dimanche, à l'hippodrome de Saint-Cloud.

13-14-15. **Fête Nationale du 14 juillet.** Grande Revue à Longchamp, quand les chaleurs ne sont pas trop fortes. Bals de nuit, réjouissances publiques. Feux d'artifices. Matinées gratuites dans les théâtres.

Fête foraine de Montmartre, boul. de Clichy (dure 15 jours), attractions variées, manèges, tirs, etc.

AOUT. — Fête des Loges, à Saint-Germain (2ᵉ et 3ᵉ dimanches). Deauville (3 heures de Paris).

SEPTEMBRE. — Exposition Lépine, concours organisé pour les fabricants de jouets et les petits inventeurs. A lieu aux Tuileries.

OCTOBRE. — Prix de l'Arc de Triomphe (1ᵉʳ dimanche), hippodrome de Longchamp.

Prix du Conseil municipal (3ᵉ dimanche), Longchamp.

Fête foraine du Lion de Belfort (dure 15 jours environ, moitié en septembre, moitié en octobre).

Exposition des Aquarellistes internationaux, galerie Georges Petit.

NOVEMBRE. — **Fête foraine de Montmartre** (1er et 2e dimanches), boul. Rochechouart. A voir principalement le soir.

Salon de l'Automobile, au Grand Palais (consulter les journaux pour la date). Le Salon de l'Automobile a lieu tantôt en octobre, tantôt en novembre.

Salon d'Automne, au Grand Palais (succède immédiatement au Salon de l'Automobile).

Exposition des Chrysanthèmes, au Fleuriste Municipal, à Auteuil.

Le 25 : Fête de la Sainte-Catherine, fête très parisienne chère aux midinettes, aux trottins, à toutes les petites ouvrières qui ne sont pas encore mariées. Elles se promènent, coiffées d'un bonnet qu'elles se sont confectionné et qui est garni de rubans et de fleurs d'oranger.

DÉCEMBRE. — **Le 24 : Messe de minuit** (A entendre surtout aux églises Saint-Eustache, Sainte-Clotilde, Notre-Dame-des-Victoires, La Madeleine, la Trinité, etc.).

Le 24 : Réveillon, à minuit, dans les grands restaurants et dans tous les établissements de nuit (retenir sa table). On y soupe et on y danse joyeusement au milieu d'attractions, de musique et dans une atmosphère de folle gaieté. Le réveillon se fait de moins en moins chez soi. Il est d'usage de passer, en attendant minuit, la soirée au théâtre... où le prix des places est généralement doublé.

Le 31 : Même Réveillon que la veille de Noël.

Tous les renseignements relatifs aux sports, épreuves ou matches athlétiques sont très exactement fournis par les journaux spéciaux : *l'Auto* et *l'Echo des Sports* (quotidiens), *Sporting* ainsi que par *le Miroir des Sports* (illustré hebdomadaire) principalement, *Match* (hebdomadaire).

Les grandes épreuves d'athlétisme ont lieu à des dates essentiellement variables, dans les principaux stades et vélodromes ou salles de spectacles. (Le grand prix cycliste se court le premier dimanche de juillet, le samedi et le deuxième dimanche. Le prix des places varie selon l'importance des réunions et la célébrité des champions (de 1 à 10, 20, 50, 100 et 200 francs la place).

Les grands matches de boxe ont lieu plus particulièrement au Vélodrome d'Hiver, au Cirque de Paris ou à la Salle Wagram, à Buffalo-Journal. Des services spéciaux d'autobus et de voitures desservent les vélodromes.

Stade Pershing, *au Bois de Vincennes.* — Moyens de transports : prendre à la sortie de la station du Métro : *Porte de Vincennes*, les tramways nᵒˢ 110A ou 110B, qui ont un arrêt au stade.

Fondé par le Comité National d'Education physique et de l'Y. M. C. A., peut contenir 28.000 personnes. Grandes réunions sportives d'athlétisme.

Stade de Colombes (*ancien champ de courses de Colombes,* 50.000 places). A *Colombes* (Seine). — Moyens de transports : chemin de fer gare Saint-Lazare, tramway nᵒ 64, à la porte Champerret.

Ce sont les deux plus grands stades. Viennent ensuite :

Le C. A. S. G. Terrain à Boulogne. Très vaste. Courses à pied et tennis. Siège à *Paris, 43, rue Taitbout.*

Le Racing-Club, siège à *Paris, 81, rue Ampère.* Terrain au Bois de Boulogne. — 3.000 places. Moyens de transports : tramway du Val-d'Or, descendre à la Croix-Catelan.

Stade Français, siège à Paris, 3, *rue Volney.* Terrain à Saint-Cloud (La Faisanderie). 3.000 places. — Moyens de transports : tramways nᵒˢ 2 et 25.

Stade Elisabeth, à *Montrouge*. — Métro *Porte d'Orléans*, tramway 8, 28.

Stade de l'Union Athlétique Intergadz'arts, 136, rue Pelleport. Surtout basket-ball.

Vélodrome Buffalo, à *Montrouge*, 2, *rue Carvès*. — 60.000 places. — Moyens de transport : Métro *Porte d'Orléans*, tramways *Arcueil*.

Vélodrome d'Hiver (Vél. d'Hiv.), 7, *rue Nélaton*. — Métro station *Grenelle*, autobus B, tramway n° 25. 35.000 places. Piste en bois de 250 mètres. Courses tous les dimanches à 14 h. 1/2 de novembre à avril. Entraînement tous les jours. Chauffé. Prix des places : loges, 20 fr. la place ; pesage, 10 fr. ; fauteuils, 8 fr. ; premières, 5 fr. ; secondes, 3 fr. Deux séances par jour de skating ring et de boowling, le dimanche l'après-midi seulement après les courses, entrée 1 fr. 50, patins 2 fr.

Vélodrome du Parc des Princes. *A Boulogne, près la gare d'Auteuil*. — 10.000 places. — Moyens de transport : chemin de fer gare Saint-Lazare et Ceinture, station *Auteuil-Boulogne*, tramway n° 25, à la porte d'Auteuil. Entraînement tous les jours. Courses tous les dimanches de mars à novembre. Pendant l'hiver, match de football. Piste en ciment de 666 m. 66.

Vélodrome Municipal. *Au Bois de Vincennes. Avenue de Gravelle, à Charenton*. — Moyens de transport : tramway n° 24.

Autodrome de Linas-Montlhéry. Magnifique autodrome, nouvellement installé, où se donnent de grandes et célèbres courses automobiles. Prendre le chemin de fer et descendre à Antony.

Salle Wagram, 39 *bis, avenue de Wagram*. On y donne surtout des matches de boxe et de lutte.

Golf (Au mois environ 250 fr. Journées de 15 à 25 fr., visite thé 5 à 6 fr.).

A la Boulie (gare des Invalides, 45 minutes de trajet), près de *Versailles*. Voitures. Tél. 141.

A Chantilly (gare du Nord, 45 minutes de trajet), près de *Chantilly*. Voitures. Tél. 171.

A Compiègne (gare du Nord, une heure de trajet), à 10 minutes de la gare. Voitures. Tél. 2-30. Trajet par la route : Villette-Le Bourget-Senlis-Compiègne.

A Fontainebleau (gare de P.-L.-M., une heure de trajet). Voitures et tramways à la station. Tél. 2-95.

Golf et tennis-club de Marly et Fourqueux à Fourqueux (S. et O.) Tél. 617 à Saint-Germain-en-Laye. Trajet par la route : Rueil-Bougival l'Ermitage. Par tramway : Porte Maillot à Saint-Germain. Par train : Gare Saint Lazare.

Golf de Saint-Germain-en-Laye. Tél. :590.

Saint-Cloud Country-Club, à Garches. Tél. : 185.

Lawn-Tennis. — Racing-Club 12 Courts (voir p. 28). Stade Français 12 Courts (voir p. 28). Académia, 16, rue Taitbout (Courts : 8, rue de Civry (16e). Sporting-Club, 154, rue Saussure (tél. : Wagram 99-26) (4 Courts, couverts, éclairés à l'électricité). Tennis-Club de Paris, 94, boul. Exelmans (16e) (5 Courts en plein air et 4 couverts) (tél. : Auteuil 03-79). Trianon Palace, à Versailes.

Patinage à roulettes. — Vélodrome, à Luna-Park, à Magic-City.

Patinage sur glace. Au Palais de Glace.

Pelote Basque. Porte de Châtillon.

Régates. A la voile ou à l'aviron : port du Yacht-Club.

Aviation

Le Port Aérien du Bourget est un centre très important d'aviation pour le transport en avion et aérocar des voyageurs, des marchandises et de la correspondance postale.

Dans le parc immense, toutes les « Agences » ont un local et un représentant. Un service douanier y est établi. Il y a un restaurant-buffet.

La visite est des plus intéressantes : les circuits sur Paris et sur les environs y fonctionnent constamment (prix de 40 à 300 fr.) et même des vols de nuit sur Paris par nuit claire.

L'arrivée des aérocars et avions revenant de Constantinople, Bucarest, Bellegarde, Budapest, Varsovie, Vienne, Prade, Strasbourg, de Londres, de Lausanne, de Genève, de Bruxelles et de Rotterdam, est tout à fait curieuse et donne à ce port aérien une allure vraiment fantastique.

Des autobus spéciaux partent tous les jours de la Madeleine (statue Jules Simon) pour excursion du Bourget (trajet 50 minutes, départ 10 h., retour 12 h. 50 ; 14 h. 30, retour 19 h. 05 (prix 3 fr. aller et retour) qui permettent de visiter le port et même de faire un circuit. (Voir p. Service postal.) Les Compagnies aériennes du Bourget :

Compagnie Franco-Roumaine, 22, *rue des Pyramides* (tél. : Gutenberg 45-09). — Strasbourg, Prague, Vienne, Budapest, Varsovie, Constantinople.

Impérial Airway Ld, rue *Edouard-VII, Paris* (téléph. : Gut. 54-26).

Compagnie aérienne française, *port aérien du Bourget.* — Cherbourg et toutes destinations à forfait.

Daimler, *port aérien du Bourget.* — Paris, Londres.

Les Courses

Les Courses sont parmi les attractions de la vie parisienne les plus recherchées. Aussi la foule est-elle nombreuse qui se rend en toutes saisons sur les 8 magnifiques hippodromes des Bois de Boulogne et de Vincennes, d'Auteuil et de la Banlieue (extra-muros) de Paris. Au pesage le public est particulièrement mondain. Partout les tribunes sont fleuries et les jardins du pesage entretenus de parterres qui sont des chefs-d'œuvre d'horticulture.

C'est aux courses qu'on rencontre les femmes les plus jolies et les plus élégantes de Paris.

C'est aux courses que les grands couturiers parisiens lancent la mode nouvelle.

Voir le Paddock, où l'on présente les chevaux avant chaque course. Rendez-vous des entraîneurs et jockeys.

Voir l'enceinte des balances (bâtiment réservé aux propriétaires) où l'on pèse les jockeys et les harnachements avant et après, afin de s'assurer qu'ils ont toujours le même poids.

PARI MUTUEL

Sur le champ de courses, dans de nombreuses petites baraques spéciales, on délivre des tikets de paris à chaque course. Sur des tableaux très apparents on affiche les numéros des chevaux partants et les noms des jockeys.

On parie depuis l'affichage des chevaux jusqu'à la sonnerie électrique annonçant le départ.

De même l'on annonce les gagnants et le résultat des paris. Le programme est vendu à l'intérieur.

A la pelouse, il est délivré des tickets de paris à 5, 10, 50 et 100 francs. Au pavillon, de 5 fr. à 500 fr. ; au pesage, de 10 à 1.000 fr.

Le paiement s'effectue dès la course courue à des guichets correspondants à celui de la prise du ticket. Ces tickets gagnants sont également payés, dans le délai de sept jours, au siège social de chacune des Sociétés.

Aux jours des Grands Prix, en raison de l'affluence, des guichets spéciaux délivrent, dès l'ouverture, les tickets de paris pour la grande épreuve.

Aux guichets, ces tickets ne sont délivrés qu'au moment de la course.

Dans chaque hippodrome, il y a un buffet-restaurant à la carte et des bars tarifés.

LE GRAND PRIX

Si **Chantilly** est la métropole du Turf, le « **New-Market** » français, le grand centre d'entraînement, Maisons-Laffitte, une école sérieuse, et **Auteuil**, avec ses steeple-chases, le dernier asile des bucéphales au bout de leur carrière, **Longchamp** reste le lieu d'apparat, réservé aux « poules » éclatantes, aux engagements à sensation, où l'Anglais entre réellement en concurrence avec les éleveurs français, et le Grand Prix peut être considéré comme le type de toutes les autres courses ; c'est l'épreuve qui donne le mieux l'idée du pittoresque, de l'entrain, de la dévorante activité du monde sportif.

Le Grand Prix se court toujours le second dimanche après le Derby d'Epsom qui se court lui-même le mercredi avant la Pentecôte. Les engagements en sont faits deux ans à l'avance.

Hippodrome de Longchamp. Au Bois de Boulogne, près du pont de Suresnes. (Société d'Encouragement, 11, *rue du Cirque*. Payement des tickets, 48, *rue de Laborde* (9e) (tél. : Wag. 3-97). — Prix d'entrée : pesage, hommes, 40 fr., femmes, 20 fr. ; pavillon, 15 fr. ; pelouse, 3 fr.

Moyens de transport : chemin de fer gare Saint-Lazare, station Suresnes ou Suresnes-Longchamp ; trains spéciaux. Tramways à la Porte-Maillot. Services spéciaux bateaux et autobus.

Hippodrome de Chantilly (même Société), mêmes prix. Moyens de transports : chemin de fer du Nord, station Chantilly.

Hippodrome d'Auteuil. Au Bois de Boulogne, à la porte d'Auteuil (Société des Steeple-Chases de France, 10, *rue*

Treilhard (8e arr.) tél. : Wagram 85-48). — Mêmes prix.

Moyens de transport : chemin de fer Saint-Lazare et ligne de Ceinture, station Auteuil-Boulogne. Métro : station d'Auteuil. Tramways nᵒʳ 12, 16 et 25.

Hippodorme de Vincennes. Au Bois de Vincennes, près de Joinville (Société d'Encouragement au demi-sang, 7, *rue d'Astorg* (8e arr.) (tél. : Elysées 17-83). — Pesage : hommes, 30 fr., femmes, 20 fr. ; pavillon, 10 fr. ; pelouse, 3 fr.

Moyens de transport : gare plaace de la Bastille, station Joinville. Tramways nᵒˢ 110A et 110B à la station du métro *Porte de Vincennes.*

Hippodrome de Maisons-Laffitte. — A Maisons-Laffitte (Seine-et-Oise). Société Sportive d'Encouragement, 133 *bis, faubourg Saint-Honoré* (8e arr.) (tél. : Elysée 18-55). — Courses plates et d'obstacles. Pesage : hommes, 40 fr. ; femmes, 20 fr. ; pelouse, 5 fr.

Moyens de transport : gare Saint-Lazare et gare du Nord, trains spéciaux, avec station dans le champ de courses même. Tramway nᵒ 62 à la Porte-Maillot.

Hippodrome d'Enghien. A Enghien (Seine-et-Oise). (Société d'Encouragement). Courses d'obstacles. — Pesage : hommes, 40 fr. ; femmes, 20 fr. ; pelouse, 5 fr.

Moyens de transport : gare du Nord et gare Saint-Lazare avec station dans le champ de course même (trains spéciaux). Tramway.

Grand steeple-chase en mai et en juin, prix de début.

Hippodrome de Saint-Cloud (Société Sportive d'Encouragement, 133, *faubourg Saint-Honoré*). Courses plates. En juillet, prix du Président de la République (250.000 francs). Mêmes prix qu'à Enghien.

Hippodrome du Tremblay. A Champigny-sur-Marne (Société de Sport de France), 372, *rue Saint-Honoré* (8e arr.) (tél. : Central 32-41). — Mêmes prix. Courses plates.

Moyens de transport : gare de l'Est et gare de Vincennes, direction Champigny, arrêt à la porte de l'hippodrome.

Concours central hippique de Paris. Au Grand Palais des Champs-Elysées (Société Hippique française, 33, *avenue Montaigne* (8e arr.). Tous les ans en mars-avril. (El. 33-12).

LES GRANDES JOURNÉES HIPPIQUES

1er dimanche de juin : *Chantilly*, **Prix de Diane.**

2e dimanche de juin : *Chantilly*, **Prix du Jockey-Club.**

3e dimanche de juin : *Auteuil*, **Grand Steeple-Chase de France.**

Le mercredi qui précède le Grand Prix, à *Auteuil* **Grande courses de haies.**

Le vendredi qui précède le Grand Prix, à *Auteuil* **Journée des Draggs.**

Le 4e dimanche de juin : *Longchamp*, **Grand Prix de Paris.**

1er dimanche de juillet : *Saint-Cloud*, **Prix du Président de la République.**

1er dimanche d'octobre : *Longchamp*, **Prix de l'Arc-de-Triomphe.**

3e dimanche d'octobre : *Longchamp*, **Prix du Conseil Municipal.**

⊗ ⊗ ⊗ Tir aux Pigeons ⊗ ⊗ ⊗

Cercle du Bois de Boulogne. — Pelouse de Madrid. Tél. : 26 par Neuilly-sur-Seine.

Gastinne-Renette, à Issy. Tél. : 31.

Le Blue Rock, 39, avenue Victor-Emmanuel-III. Tir au plateau d'Issy.

Les Marchés curieux de Paris

Marchés aux fleurs. — Aux *Halles Centrales* (voir chapitre spécial), dans l'allée centrale, le matin avant la cloche (8 h. été, 9 h. hiver) et toute la journée dans le pavillon 12. — Marché place et quai de la *Cité*, mercredi et samedi, le matin. — Place de la *Madeleine*, autour de l'église, mardi et vendredi. — Place de la *République*, le matin, lundi et jeudi. — Place des *Ternes*, mercredi et samedi matin.

Marché aux oiseaux. — Place de la Cité, le dimanche.

Marché aux chevaux (ânes, mulets, voitures). — 104, rue Brancion, lundi, mercredi et vendredi.

Marché aux chiens. — 104, rue Brancion, le dimanche (13 à 16 h.). Cimetière de chiens à Neuilly.

Marché aux bestiaux et abattoirs de la Villette. — Avenue du Pont-de-Flandre et avenue Jean-Jaurès, tous les jours.

Abattoirs et marché aux bestiaux de Vaugirard. — Rue Brancion, 104.

Marché aux timbres-poste (Collections). — Avenue Marigny, le jeudi et le dimanche après-midi.

Marché des diamantaires. — Rue Buffaut et Café des Diamantaires, 53, rue Lafayette. Très curieux (on vend des perles fines et des joyaux à pleine main, en pleine rue).

Les marchés aux « puces ». — On nomme ainsi d'immenses marchés populaires où s'étalent des objets les plus hétéroclites apportés par les brocanteurs et les « bric-à-brac » de Paris. Une foule de gens de toutes sortes à la recherche d'occasions sensationnelles y vont le dimanche entre 9 h. et 12 h.
Marché à *Saint-Ouen*, porte de Clignancourt (18ᵉ arr.); de *Bicêtre*, porte d'Italie (13ᵉ arr.).

Marché du Temple. — Place du Temple où les fripiers, la plupart des étrangers, vendent des vieux habits.

Halle aux Vins. — Bercy, tous les jours. Visiter les chais.

Les **marchés volants** occupés par des centaines de petites voitures à bras où l'on vend tous les fruits, légumes, fleurs, poissons, etc. Très curieux à voir de 10 h. à 12 h. Rue Mouffetard (5e arr.), faubourg Saint-Denis, à la porte Saint-Denis (10e arr.), etc.

⊗ ⊗ ⊗ Le vieux Paris ⊗ ⊗ ⊗

Malgré toutes ses transformations et l'élargissement ou le percement de ses magnifiques artères, Paris a conservé, du passé, de vieilles demeures, palais ou églises, d'un intérêt artistique ou archéologique véritable ; pour une promenade rapide nous signalons à l'attention des étrangers les suivants :

Hôtel des Archevêques de Sens, rue du Figuier.
Hôtel Aubert de Fontenay, 5, rue de Thorigny.
Hôtel Saint-Aignan, 71, rue du Temple.
Hôtel de Beauvais, 68, rue François-Miron.
Hôtel Fleubet, 2, quai des Célestins.
Hôtel Gouthières, 6, rue Pierre-Bullet.
Hôtel Lamoignon, 24, rue Pavée.
Hotel Lauzin, 17, quai d'Anjou.
Hôtel du Marquis d'Argenson, 101, rue de Courcelles.
Hôtel du Maréchal de Montmorency, 57, rue de Varennes.
Hôtel du Président Nicolas Lambert, 2, rue Saint-Louis-en-l'Ile.
Hôtel du Prévost, 19, passage Charlemagne (119, rue Saint-Antoine).
Hôtel de la Reine Blanche, 17, rue des Marmousets.
Hôtel de Rohan, 85, rue Vieille-du-Temple.
Hôtel de Sens, 69, place de l'Ave-Maria.
Hôtel de Sully, 62 rue Saint-Antoine.
Hôtel Soubise, 60, rue des Francs-Bourgeois.
Hôtel de la Vieuville, 4, rue Saint-Paul.
Cloître des Billettes, 24, rue des Archives.
Maisons de François Ier, 2, rue Bayard.
Musée Carnavalet, 23, rue de Sévigné (voir p. 18).
La Tour de Jean sans Peur, 20, rue Etienne-Marcel.
Tourelle de 1528, 54, rue Vieille-du-Temple.
Porte du Manoir d'Olivier de Clisson, 58, rue des Archives.
Visiter la rue des Juifs (4e arr.).

Sur les grands Boulevards

Les Grands Boulevards, que le Parisien appelle le **Boulevard**, s'étendent en demi-cercle de la Madeleine à la place de la Bastille ; mais le vrai grand boulevard, le *Boulevard* par excellence, cette promenade unique dont le nom est connu dans le monde entier, ne comprend en réalité que l'espace qui s'étend de la Madeleine au faubourg St-Denis. Au delà, c'est l'inconnu, presque la province.

En s'asseyant à la *terrasse* d'un café situé entre ces deux points, on verra défiler tous les personnages de la comédie parisienne : riches, pauvres, ouvrières, femmes élégantes, acteurs, journalistes, sans oublier les petites « femmes habituées » de cette promenade.

A ces personnages, se mêlent des types un peu spéciaux : camelots au boniment étourdissant, vendeurs de journaux, et autres.

Le soir lorsqu'il fait beau, le public des boulevards est très nombreux.

Il n'est pas fait seulement de femmes en quête d'un compagnon, mais de braves gens qui prennent l'air avant d'aller se coucher, d'étrangers qui s'initient à la vie nocturne de Paris et qui attendent l'heure du théâtre ou du souper.

A minuit la foule est assez compacte sur les grands boulevards à cause de la sortie des théâtres et des music-halls, mais elle se disperse assez rapidemment. Les uns pour rentrer chez eux, les autres pour aller à Montmartre ; C'est alors une véritable chasse aux taxis.

Sur la Seine

Si, pendant votre séjour à Paris, vous voulez utiliser un après-midi d'une façon intéressante et peu fatigante, ne manquez pas de faire une promenade en bateau sur la Seine, entre le pont d'Austerlitz et le viaduc d'Auteuil.

La Seine reflète l'histoire de Paris comme la Tamise reflète l'histoire de Londres.

Voici ce qu'on voit sur les deux rives de la Seine :

Prendre le bateau à l'appontement accolé à la berge (rive droite),

A DROITE : Ici s'ouvre la gare de l'Arsenal, premier bief du canal Saint-Martin ; ce bief toujours très animé est encombré de chalands d'où l'on débarque surtout des plâtres, des ciments et des chaux.

Voici l'Estacade qui relie le quai Henri IV à l'île Saint-Louis. L'île Saint-Louis donne encore aujourd'hui, avec ses maisons anciennes et sa petite église, l'illusion du Paris d'il y a deux siècles.

Bientôt apparaît devant nous l'Hôtel de Ville qui, quoique somptueux, fait regretter l'incendie qui détruisit l'hôtel de ville bâti sous François Ier.

Au pont au Change nous voyons la place du Châtelet. A droite se trouve le théâtre Sarah-Bernhardt ; à gauche le théâtre du Châtelet.

Après le Châtelet, le quai de la **Mégisserie**, avec ses étalages pittoresques de marchands d'oiseaux, d'articles de chasse, de sport et de pêche.

Derrière un pâté de maisons, on aperçoit Saint-Germain-l'Auxerrois.

Le Louvre, devant lequel le bateau s'arrête ensuite, renferme les plus grands trésors artistiques.

Au pont du Carrousel, les guichets du Louvre laissent entrevoir l'immense place du Carrousel où se trouvent de superbes pelouses agrémentées de fleurs, la statue de Gambetta, un arc de triomphe et la nouvelle statue exécutée par le sculpteur Bartholomé.

Voici maintenant la terrasse des Tuileries.

Le bateau passe ensuite devant la place de la Concorde, qu'on devine mais qu'on ne voit pas, où se trouvent les hôtels du Ministère de la Marine et de l'Automobile-Club.

En face du pont d'Iéna, voici le **Trocadéro**.

Nous côtoyons maintenant les jardins et les maisons de **Passy**.

L'aspect du quai change encore une fois. Après quelques usines dont les immenses tas de charbons s'étendent jusque sur les berges, nous arrivons à Auteuil. Mais auparavant nous franchissons le pont de Passy ou passe le métropolitain. Ce dernier passe également au viaduc d'Auteuil.

A GAUCHE : Le Jardin des Plantes et le quai Saint-Bernard. Sur le quai, après le Jardin des Plantes, la Halle aux vins établie en cet endroit depuis 1662.

Après le **pont de Sully** se trouve le pont de la Tournelle où commence le quai du même nom. Le bateau passe alors devant le petit bras du fleuve qui n'est fréquenté que de la batellerie et contourne alors l'île de la Cité.

Nous nous imaginerons frôler un navire, car l'Ile de la **Cité** semble un grand bateau échoué au milieu de la Seine. C'est dans cette île que se trouvent ces deux joyaux inestimables : **Notre-Dame** et la **Sainte-Chapelle**.

Voici, après le pont d'Arcole, l'Hôtel-Dieu.

Sur le quai aux Fleurs, sur celui de la Cité, c'est à certains jours de la semaine le **Marché aux Fleurs**. A côté du marché aux Fleurs, le **Tribunal de Commerce**.

Après le pont au Change nous voici en face du **Palais de Justice** et de la **Conciergerie**, ensemble que domine la svelte et légère aiguille de la **Sainte-Chapelle**.

Nous voici maintenant arrivés à la pointe de la Cité

ornée de la légendaire statue de Henri IV et devant laquelle s'avance le terre-plein du Pont-Neuf.

Nous avons laissé de l'autre côté de la Cité, le long du petit bras, les rives du vieux Paris avec ses églises vénérables : Saint-Julien-le-Pauvre, Saint-Séverin, la vieille Université et la rue Saint-Jacques.

Bientôt nous apercevons l'**Hôtel des Monnaies** et à sa suite l'**Institut**.

Après le pont des Arts, le quai Malaquais avec l'école des Beaux-Arts et le quai Voltaire peuplé aujourd'hui d'antiquaires.

Au pont Royal commence le **quai d'Orsay** où se trouve la gare du même nom.

Plus loin, derrière les aristocratiques édifices du quai nous entrevoyons les flèches de **Sainte-Clotilde**. A l'angle de la rue de Solférino se trouve le palais de la **Légion d'honneur**. Puis le quai prend encore un aspect plus pompeux et voici le **Corps Législatif** et la **Chambre des Députés**.

Après le **pont de la Concorde**, se trouve le pont Alexandre III. Au pont d'Iéna, le Champ de Mars s'embellit. Au-dessus de la rive, se dresse la **Tour Eiffel**, Derrière les contreforts de meulières, qui bordent la Seine au niveau du pont de Passy, la gare du Champ-de-Mars.

Entre le pont de Passy et le pont de Grenelle, se trouve l'île des Cygnes, assez pauvre d'aspect et qui est plutôt une digue marquant le quai de Grenelle dans sa partie la plus intéressante, avec ses fonderies et ses grands établissements industriels. Après le pont de Grenelle, le fleuve s'élargit, les rives s'abaissent et à l'horizon se dessinent les verdoyants coteaux de Meudon.

On pourra revenir dans Paris à la tombée de la nuit.

Pendant la belle saison, il y a un service de bateaux qui permet de dîner et de faire une promenade sur la Seine entre 8 et 11 heures du soir. Le prix du dîner est modique,

Les Jardins publics et les Musiques militaires

Les Jardins publics parisiens sont justement renommés pour leur floraison splendide et leurs ombrages, si jolis en été et en automne.

Il convient de visiter les **Tuileries, le Luxembourg, le Parc Monceau, le Parc des Buttes-Chaumont, le Parc de la Muette, le Jardin du Palais-Royal, le Jardin des Plantes** (Muséum d'Histoire naturelle), **les Serres de la Ville de Paris, à Boulogne, et le Jardin d'Acclimatation.**

Le Luxembourg est resté le jardin des étudiants, et des étudiantes. La partie la plus fréquentée est la Terrasse. En été, les amoureux y sont nombreux.

En été, de mai à octobre, on a le plaisir d'entendre les musiques militaires, et certaines grandes harmonies parisiennes, donner des concerts dans quelques grands jardins publics. Ces concerts ont lieu les dimanche, mardi, jeudi, vendredi, de 16 à 17 heures et le samedi, de 21 à 22 heures.

La célèbre musique de la Garde Républicaine se fait également entendre dans les principaux jardins aux mêmes heures que les autres musiques. Exceptionnellement elle joue dans d'autres squares.

Ces concerts sont très suivis par des amateurs qui, deux heures avant, viennent occuper leur chaise pour être sûrs de trouver une place.

Les musiques militaires jouent tout particulièrement au jardin du Luxembourg, au Palais-Royal, aux Tuileries, au Champ de Mars, au parc des Buttes-Chaumont, au square du Temple, place des Vosges, etc.

Il est plus prudent de consulter les journaux pour la date et le lieu exacts où se donnent ces concerts.

Le Bois de Boulogne

Le Bois de Boulogne est l'une des plus célèbres promenades de Paris.

L'heure chic du Bois est surtout le matin de 11 heures à 13 heures, l'heure où les cavaliers et les amazones montent et se promènent dans les allées cavalières du Bois.

Dès qu'il fait beau, le soir, après dîner, il est agréable d'aller se promener en auto, et d'aller danser et souper dans un restaurant du Bois, fort avant dans la nuit (v. p. 66).

La promenade de l'Avenue du bois est la plus fréquentée tous les matins de 11 h. ½ à 13 h. et surtout les dimanches et fêtes. C'est à cette promenade que le « Tout-Paris élégant » se donne rendez-vous. Très jolies femmes et très belles toilettes. Vers midi, à « l'apéritif » le *Pavillon Dauphine* est très fréquenté.

POUR ALLER AU BOIS

On traverse d'abord cette splendide place de la Concorde, où se dresse l'Obélisque d'Assouan, donné à Louis-Philippe par Méhemet-Ali, entouré de fontaines où s'ébattent des naïades, des tritons et des dauphins de bronze.

On monte l'avenue des Champs-Elysées jusqu'à l'Arc-de-Triomphe, avenue triomphale et grandiose. L'été dans le *carré* des Champs-Elysées, de la place de la Concorde au Rond-Point, l'animation se prolonge jusqu'à des heures tardives.

Un peu plus haut, au n° 25, se trouve l'ancien hôtel de la Païva, courtisane célèbre sous le second Empire et même sous la III° République.

Après le Rond-Point, ce sont des deux côtés de l'avenue l'alignement de riches hôtels, de magasins des meilleures marques d'automobiles, et des grandes maisons de couture.

Autour de l'Arc de Triomphe, au rond-point de l'Etoile, le remous est souvent peu rassurant, principalement à l'époque des courses de Longchamp et d'Auteuil. Mais le flot finit toujours par s'écouler dans la large avenue (125 mètres) du Bois de Boulogne.

A droite c'est la magnifique allée cavalière qui se déploie jusqu'à la porte Dauphine (Restaurant de la Porte Dauphine).

Dès qu'on a franchi celle-ci, on s'engage dans le Bois par la route de Suresnes jusqu'au Lac inférieur constellé de barques, de cygnes et de canards.

A ce carrefour, à droite, on trouve dans la première allée le Restaurant du Lac.

Longeant le lac par son chemin de ceinture, on retrouve la route de Suresnes qu'on reprend à gauche et que l'on suit en passant par le **Pré Catelan** (Restaurant).

En tournant un peu à gauche, on prend alors la route de la Cascade jusqu'au carrefour où elle se trouve.

On prend ensuite à gauche la route de Neuilly qui contourne l'hippodrome, passe devant le champ de courses, les tribunes et le Moulin et par la route du Mulon, en infléchissant à droite devant le Polo, on arrive au château de Bagatelle où se trouve la célèbre roseraie qu'il faut visiter au moment de la floraison.

On longe ensuite par la route de Sèvres le champ d'entraînement, on tourne à droite jusqu'à la porte de Madrid.

En face de cette porte se trouve l'hôtel-restaurant de Madrid.

Pour terminer la promenade, on continue par la route de Madrid jusqu'à la Porte-Maillot, en longeant le Tir aux pigeons et le *Jardin d'Acclimatation*, ou si l'on préfère suivre le chemin opposé, on prend à droite la route des lacs, puis à gauche l'allée de Longchamp, les Acacias et le Restaurant si renommé du Pavillon d'Armenonville.

⊛ Les Flâneries Parisiennes ⊛

Les amateurs d'antiquités, de gravures, de livres anciens, auront de quoi satisfaire leur passion à Paris.

Les quartiers d'antiquaires et marchands de curiosités abondent dans la capitale et tout particulièrement dans les endroits suivants :

Rue Saint-Georges, rue Saint-Honoré, depuis la rue des Pyramides jusqu'à la place des Ternes ; place Beauvau, rue de Miromesnil, rue La Boétie, rue de Châteaudun, rue Lafayette, rue Le Peletier et alentours ; sur les quais (où se trouvent les marchands de vieux livres), place Saint-Michel et rues avoisinantes ; autour de l'Institut, rue des Saints-Pères, rue Jacob, rue Bonaparte jusqu'à la rue du Bac ; autour de Saint-Germain-des-Prés, rue de l'Echaudé, rue du Cardinal, rue de Rennes ; autour de l'église Saint-Sulpice, antiquités et ornements anciens et modernes, mais exclusivement religieux ; boulevard Raspail ; enfin les « bric-à-brac » des faubourgs populaires et le **Marché aux Puces** (voir p. 36).

Il ne faut naturellement pas oublier de rendre une visite au fameux **Hôtel des Ventes**, rue Drouot.

Le soir, une promenade sur les grands boulevards, les Champs-Elysées et le Bois de Boulogne ne peut qu'être fort agréable pour peu que le temps soit favorable.

L'Heure des Repas. — A Paris, on déjeune à la fourchette entre 12 h. et 14 h. — On dîne depuis 18 heures, mais plus généralement vers 20 heures.

L'heure des Visites. — On fait des visites entre 16 et 19 heures ; les dames ont presque toutes un jour de réception dont il faut s'informer. Ces jours sont indiqués, pour les personnalités diverses, dans les annuaires du *Tout Paris* ou du *Bottin Mondain*.

L'Heure des matinées. — Dans les spectacles, les matinées du jeudi et du dimanche commencent à 14 heures ou 14 h. 1/2 et durent jusque vers 17 heures. Certaines matinées littéraires ont lieu à 16 h. 1/2, notamment au Théâtre Français, à l'Odéon, etc. (Voir Spectacles.)

L'Heure des Five o'clock et thés dansants. — De 17 à 19 heures.

L'Heure du Bois de Boulogne. —En été on va faire un tour au Bois de 11 h. à 13 heures, et surtout de 16 à 19 heures pour prendre le thé.
En hiver, de 15 à 17 heures. Jour élégant, le vendredi.

L'Heure des Grands Couturiers. — Rue de la Paix, place Vendôme et aux Champs-Élysées, de 15 à 17 heures.

L'Heure du Patinage. — Au Palais de Glace, on patine presque toute l'année, sur vraie glace. Le matin est réservé aux jeunes filles. De 17 à 19 heures, ce sont les femmes du monde, et le soir aussi celles du demi-monde.

L'Heure de l'Apéritif. — Sur les Grands Boulevards et sur le boul. Saint-Michel, affluence de Parisiens et même de Parisiennes à la terrasse des cafés. Coup d'œil amusant de 18 à 20 heures le soir.

L'Heure des Bars. — Les bars sont, en général, bondés de monde à partir de 19 heures jusqu'à 20 heures. Beaucoup d'étrangers et de très jolies étrangères et Parisiennes.

L'Heure des Théâtres. — A 21 heures. A l'Opéra et à l'Opéra-Comique, aux Françias et à l'Odéon, il faut être à sa place à l'heure indiquée.

L'Heure des Restaurants de nuit. — Après la sortie des théâtres. Autour des Halles, les restaurants de nuit ne s'animent que vers 3 h. du matin.

L'Heure des Offices. — Les grand'messes ont lieu à 10 heures dans les principales églises de Paris. Une messe très fréquentée est celle de la Madeleine.

L'Heure des Mariages. — Presque toujours à 12 h. Les plus beaux mariages ont lieu à la Madeleine, Saint-Philippe-du-Roule, Saint-Augustin, Saint-Ferdinand, Sainte-Clotilde, Saint-Honoré d'Eylau, etc.

Paris à Table. Au Restaurant

La cuisine française, surtout la cuisine parisienne, est la première des cuisines.

C'est un des plus grands plaisirs de l'étranger à Paris de faire quelques repas choisis dans des restaurants de « grande carte », c'est-à-dire de premier ordre, car les tables d'hôtes ne donnent aucune idée des raffinements de cette cuisine d'une réputation universelle.

Pour **déjeuner**, on commence par des hors-d'œuvre, toujours très variés, ou par des huîtres, puis un poisson, une viande rôtie, une volaille ou une entrée, des légumes, un entremets, du fromage et des fruits.

Au **dîner**, les hors-d'œuvre sont remplacés par un potage, que peuvent précéder ou suivre les huîtres. Le repas suit le même ordre que ci-dessus, sauf pour les grands dîners où le menu est augmenté de gibier, d'écrevisses, de pâtés de gibier, de foie gras, etc.

Un bon repas demande à être accompagné de bons vins ! Ceux-ci ne manquent pas en France. Ils sont vendus par bouteilles ou par demi-bouteilles. Les liqueurs sont vendues au petit verre.

Voici l'ordre du service des vins :

Après le potage : Madère, Xérès ou Porto.

Après les huîtres, les hors-d'œuvre ou le poisson, vins blancs : Chablis, Pouilly, Vouvray, Meursault, Barsac, Sauternes.

Au 1er service, vins rouges : Saint-Emilion, Médoc ou Beaujolais.

Au 2e service, vins rouges : Bourgogne ou Médoc.

A l'entremets, vins blancs : Montrachet, Château-Yquem.

Au rôti, vins rouges : Saint-Julien, Saint-Estèphe, Pauillac, Mercurey, Nuits, Beaune, Pommard, etc.

Au foie gras, vins rouges : Château-Lafitte, Château-Margaux, Richebourg, Clos-Vougeot, Saint-George.

Au dessert : Champagnes de marque.

Après le café : Liqueurs de marque.

Dans les restaurants où l'on danse, tout ce qui est servi après 10 heures du soir subit une taxe légale de 25 % cette majoration doit être spécialement indiquée sur l'addition.

Pour les dîners en cabinet particulier, la carte n'est, en général, pas chiffrée et les prix sont souvent majorés d'un tiers.

Quelques plats parisiens

La gourmandise est un des grands plaisirs, une des grandes voluptés de la vie. A Paris, la gourmandise est péché mignon.

La gourmandise parisienne est du reste une œuvre d'art. Il y a tant d'ingéniosité, de science, de génie dans les préparations de ses plats, que tout étranger venu à Paris pour son plaisir y goûtera sans mettre trop en péril son bonheur éternel.

Pour son bonheur présent, il lui sera sans doute utile de connaître la *composition* des principaux plats inventés par la gourmandise parisienne. Ces commentaires gastronomiques sont nécessaires pour comprendre l'importance des « spécialités » des grands restaurants.

Consommé de volaille madrilène (de préférence froid au fumet de tomate).

Crème Lavallière (émincés de poularde et croûtons).

Turbotins de Dieppe braisés au chamberlin (champignons et vin de Chambertin).

Truite saumonée Belgrand (braisée au chablis, crème et morilles).

Délices de barbue Duglère (vin blanc, tomates concassées).

Laitance carpes Villeroy (soubise pannée et sauce tomate).

Timbale de filets de sole aux fruits de mer (pochés au vin blanc, coquillages et crevettes cuits).

Homard Thermidor (sauce Bercy truffée et gratinée).

Langouste parisienne (escalopée, dressée sur sa coquille, fonds d'artichauts, salade, légumes, etc.).

Entrées.

Selle de veau Polignac (escalopée, farce champignons, crème et glace au four).

Selle de Behagne Cambacérès (escalopée, farce champignons, crème et glace au four).

Tournedos Rossini (sautés madère foie gras et truffes).

Coq en pâte (vieille recette) (enrobé de pâté et de foie gras).

Caneton à la Rouennaise (fine champagne, porto, cuit au sang).

Caille sur la cendre (rôtie sur des sarments de vigne).

Selle de chevreuil Grand Veneur (avec sauce poivrade, madère et champignons).

Entremets

Les parfaits, les bombes glacées, les glaces souveraines, les soufflés surprise, les crêpes Suzette, le gâteau Saint-Honoré, les pêches Melba, les poires Hélène, les profiterolles au chocolat, etc.

Les Huîtres

Ne sont bonnes, comme les écrevisses et les homards, que pendant les mois en « r » (de septembre à avril). Relativement bon marché en France depuis les progrès opérés dans l'ostréiculture. Les huîtres le meilleur marché sont les portugaises.

Viennent ensuite les arcachons, puis enfin celles de goût supérieur et très recherchées : huîtres vertes de Marennes, fines Belon, royales d'Ostende, huîtres anglaises de Wittable, de Colchester et de Burnham.

Il va sans dire que, servies dans les restaurants, les prix sont un peu plus élevés.

Certains restaurants sont réputés pour leurs huîtres, leurs homards et leurs poissons : tels Prunier, Drouant, etc. (Voir p. 55, 56, etc.).

Les meilleurs Restaurants Parisiens
où déjeuner, où diner, où souper

Les principaux restaurants, cafés, les tavernes et les brasseries où l'on déjeune, et où l'on dîne sont classés ici dans leur ordre topographique, c'est-à-dire par quartier, de sorte que l'étranger se trouvant dans n'importe quel endroit de Paris puisse immédiatement choisir selon ses goûts et sa bourse.

DE LA MADELEINE
A LA PLACE DE LA RÉPUBLIQUE

Carton (anciennement Lucas-Madeleine), 9, *place de la Madeleine.* — Cadre et clientèle élégants. Excellente cuisine sous la direction du président des Maîtres-Chefs de Paris.

Restaurant Duval, 18, *place de la Madeleine.*

Restaurant Duval, 39, *boul. des Capucines.*

Café de la Paix (luxe), 12, *boul. des Capucines* (tél. : Central 33-44). — C'est le rendez-vous de toutes les nations. On y trouve presque tous les journaux du monde.
La terrasse du Café de la Paix est très recherchée entre 17 et 20 heures.
On déjeune et on dîne au Café de la Paix (grill-room). La clientèle est composée surtout d'étrangers.

Restaurant Noël Peters (Savoya) (luxe), 5, *boul. des Italiens (passage des Princes)* (tél. : Gutenberg 18-15). — Tout blanc et or, rappelant par sa riche décoration le Palais de l'Alhambra. Cuisine française et cuisine italienne.

Restaurants Poccardi, 9, *boul. des Italiens ou 12, rue Favart* (tél. : Gutenberg 50-33). — Deux restaurants vivants et très agréables, cuisine italienne, vins d'Italie.

Restaurant Lapré (Maurice) (luxe), 24, *rue Drouot* (tél. : Central 11-97). — Excellente cuisine française.

Café de Madrid, 6, *boul. Montmartre* (tél. : Gutenberg 02-44). — Grande brasserie, bon restaurant.

Restaurant Boulant, 1, *boul. Montmartre* (tél. : Central 48-34).

Duval, 13, *boul. Poissonnière.*

Restaurant Boislaive, 2, *rue Geoffroy-Marie* (tél. : Gutenberg 12-27). — Cuisine de gourmets.

Marguery (luxe), 36, *boul. Bonne-Nouvelle* (tél. : Gutenberg 44-29). — A côté du théâtre du Gymnase. Grande véranda vitrée en hiver, ouverte en été sur le boulevard. Une véritable oasis de verdure et de fraîcheur. C'est le restaurant préféré des gros industriels et des gros commerçants de province. Clientèle bourgeoise. Très bonne cuisine. Bonnes caves. (Spécialité : sole Marguery).

Taverne Gruber, 15, *boul. Saint-Denis.*

Taverne Namur, 2, *boul. de Strasbourg* (tél. : Nord 36-26). — Immense brasserie élégante avec grill-room. Beaucoup d'artistes de théâtre et de cinéma et de music-hall.

Taverne de Paris, *place de la République* (tél. : Archives 29-26). — Bon restaurant. — Au sous-sol. Concert du Caveau. — Chansonniers le soir.

Brasserie de l'Espérance, 19, *place de la République.*

Restaurant Bisson, 16, *place de la République.*

AUX ENVIRONS

DE LA PLACE DE LA BASTILLE

Taverne Gruber, *place de la Bastille.*

Restaurant Duval, 1, *rue Saint-Antoine.*

AUX ENVIRONS DE LA MADELEINE

LARUE (grand luxe), 27, *rue Royale et 3, place de la Madeleine* (tél. : Elysées 29-43). — Maison de premier ordre à laquelle la haute société parisienne accorde toutes ses prédilections. Une des gloires du Paris culinaire. On y fait ce que jadis on appelait « les parties fines ». Quoi qu'on mange, on est sûr de bien manger.

Taverne Royale, 25, *rue Royale* (tél. : Elysées 30-23). — Très fréquentée par les Parisiens et les étrangers. Le coup d'œil de la vaste salle est amusant. Beaucoup de jolies Parisiennes le soir.

Weber, 21 *rue Royale* (tél. : Elysées 25-17). — Grande salle luxueuse, clientèle mondaine, bonne table. Prix modéré. On va souper chez Weber, en sortant des théâtres. Les salles sont alors bondées.

MAXIM'S (luxe), 3, *rue Royale* (tél. : Elysées 25-58). — Célèbre établissement parisien, excellents déjeuners qui sont surtout fréquentés par les messieurs. Peu de dames aux déjeuners. Beaucoup de jolies femmes à partir de 21 heures. On danse à partir de 22 heures. Maxim's est un des restaurants les plus amusants et les plus gais de Paris. Vers minuit, les soupeurs et soupeuses remplissent la grande salle du fond du célèbre restaurant. Le champagne y coule à flots et jusqu'à fort avant dans la nuit une foule de viveurs, de théâtraux, de mondaines et de demi-mondaines y mènent un tapage joyeux.

Grand Vatel (luxe), 274, *rue Saint-Honoré* (tél. : Gutenberg 38-19). — Très élégant. Cuisine très bonne. On danse à partir de 22 heures. Attractions. Soupers très courus. Cabinets particuliers en galerie au 1er étage tout autour de la grande salle. (Spécialités : crêpes Suzette et grands plats russes).

ROMANO, 14, *rue Caumartin* (tél. : Central 45-52). — Jolie salle, clientèle boulevardière. Bonne table. On danse jusqu'à minuit. Pendant le dîner, attractions diverses. Beaucoup de jolies mondaines et demi-mondaines.

L'Oiseau bleu, 47, *boul. Haussmann.* — Dîners seulement. Mondain.

Grand Ermitage Moscovite, 24, *rue Caumartin* (Central 52-42). — On dîne et soupe. Spécialités russes. Attractions. Mondain.

PRUNIER, 9, *rue Duphot* (tél. : Louvre 46-84). — Vaste établissement universellement connu, on y trouve spécialement tout ce qui vient de la me (huîtres, crevettes, soles, homards et langoustes, coquillages et caviar). Il est prudent de retenir sa table ou d'arriver de bonne heure. Au rez-dechaussée un bar spécialement aménagé pour la dégustation d'huîtres.

Volney, 14, *rue Volney*. — Excellente cuisine. Musique.

GRILL-ROOM DU RITZ (luxe), 38, *rue Cambon* (Louvre 04-73). — Excellente table. Très mondain.

Coconler, 14, *rue Castellane* (tél. : Louvre 41-56). — Chez la « mère Coconier » on mange bien et le lieu est gai.

Voisin (grand luxe), 261, *rue Saint-Honoré* (tél. : Central 41-73). — Grande table, caves célèbres, clientèle aristocratique.

O Douro, 4, *rue de Surène* (Elysées 20-77). — Petite salle décorée à la rustique. Excellente cuisine. Porto recommandé.

Restaurant de la Madeleine, 6, *rue de Surène*. Modeste.

Chez Louis, 7, *rue de Surène*. — Cuisine tchèque, modeste.

Tho le Ni. — Prix fixe ou carte. Spécialités russes. Thé-Concert de 4 h. à 6 h. 1/2. Dîners et soupers avec programme artistique. Chants, danses russes, caucasiens et ukrainiens. Clientèle élégante.

Le Bœuf sur le Toit, 28, *rue Boissy-d'Anglas*. — Pour déjeuner, dîner et souper gaiement. Clienètle très parisienne d'auteurs, acteurs et actrices. On danse. (Voir p. 70.)

Le Tournebride, 20, *rue Cambacérès* (Elysées 84-08). — Minuscule salle. Excellents repas. Bar.

Comm' chez soi, 17, *rue Roquépine*. — Modeste.

Au Fin Bec, 7, *rue Rey*. — Bonne cuisine.

AUX ENVIRONS DE L'OPÉRA

CAFÉ DE PARIS (grand luxe), 41, *avenue de l'Opéra* (tél. : Central 44-08). — Lavogue parisien ne par excellence. Cuisine raffinée, caves renommées. On danse. Attractions pendant le dîner et pendant le souper. Beaucoup de jolies Parisiennes et étrangères très élégantes.

CIROS (grand luxe), 6, *rue Daunou* (tél. : Central 44-08). — Salle somptueuse, clientèle mondaine française, anglaise et américaine. Musique et danse. Soupers.

Chatham (luxe), 17, *rue Daunou* (tél. : Gutenberg 32-95). — Excellente cuisine. Beau jardin, frais l'été. Clientèle élégante.

Griffon (luxe), 6, *rue d'Antin* (tél. : Central 49-86.) — Excellente table très largement servie et bonne cave (spécialité : crème au chocolat et brioches).

Brasserie Universelle, 31, *avenue de l'Opéra* (tél. : Central 30-84). — Bonne cuisine, Spécialité de hors-d'œuvres.

Delmonico, 39, *avenue de l'Opéra*. — Salle luxueuse. Bonne cave clientèle élégante.

Le Grand U, 11, *rue Taitbout*. — Bonne table, spécialité de cassoulet et de bouillabaisse.

Sam's, 3, *rue Taitbout*. — Clientèle française et surtout étrangère. On y dîne et soupe. On y prend aussi le thé. Spécialités de poissons, huîtres et crustacés.

Maisonnette Russe, 36, *rue du Mont-Thabor* (Louvre 04-20). — Décorations slaves. Spécialités russes. Programme musical russe.

Drouant, 18, *place Gaillon* (tél. : Central 35-30). — Bonne et saine cuisine. Très renommé pour ses huîtres, ses poissons fins et ses grillades.

Henry (luxe), 30, *rue Saint-Augustin* (tél. : Central 35-92). — Maison de gourmets. Caves remarquables. Clientèle mondaine.

Philippe (luxe), 4, *rue Daunou*. — Petite salle très élégante. Public chic. Beaucoup d'Américains. Cuisine très soignée. Vins excellents.

Gerny's, 8, *rue Port-Mahon.* — On déguste le porto ou le cocktail, on dîne (à prix fixe) et l'on s'attarde longtemps au *Gerny's bar*, où les couples entassés trouvent quand même, entre les tables, la place de danser aux sons d'un petit orchestre toujours plein d'entrain. Clientèle de sportsmens et beaucoup de jolies femmes. (Voir p. 70.)

Germain, 20, *rue de la Michodière.* — Encore un charmant petit bar, en plein cœur de Paris, à deux minutes de la place de l'Opéra. On y dîne — à prix fixe — avant le théâtre et l'on y passe aussi d'agréables moments devant un whisky ou un cocktail. Même genre et même public que le *Gerny's bar*, plus particulièrement fréquenté cependant par la jeune colonie argentine de Paris.

Duval, 31, *avenue de l'Opéra.*

AUX ENVIRONS DE LA BOURSE

Le Caneton (luxe) 3, *rue de la Bourse* (Gutenberg 22-85). — A midi, boursiers. Le soir, mondain. Cuisine russe (borsch, cochon de lait, caviar, zakkouskis, kouliviac.)

Gauclair, 96, *rue de Richelieu.* — Vieille renommée (rognons, râble de lièvre fameux, vins de Vouvray).

Beaugé, 10, *rue Saint-Marc.* — Très bonne cuisine (les filets de sole à la suédoise, les rognons).

Madame Genot (20, *rue de la Banque.* — Cuisinière célèbre. Opère elle-même. Des prix de grande bourse, mais la table malgré la simplicité du lieu est de tout premier ordre. Sur commande.

La Maisonnette des Comédiens russes, 36, *rue Vivienne.* — Très chic. Cuisine russe. L'orchestre de Rafaël.

La Poularde, 6, *rue Saint-Marc.* — Excellente cuisine, spécialités lyonnaises.

Chez Fritz Kobus, 44, *rue Sainte-Anne.* — Modeste, mais bonnes spécialités alsaciennes.

Marie, 4, *rue Louvois.* — Aspect plutôt modeste. Mais la mère Marie est un cordon bleu de premier ordre (poissons au gratin, poulets au foie gras, bons gâteaux). Commandez les dîners.

Monteverdi, 85, *rue de Richelieu*. — Elégant et bon restaurant italien.

Galopin, 42, *rue Notre-Dame-des-Victoires*. — Très animé à l'heure de la Bourse. Déjeuner seulement.

Tabary's, 54, *rue Vivienne*. — Animé à l'heure de la Bourse. Mondain et demi-mondain le soir. On danse.

AUX ENVIRONS DU PALAIS-ROYAL

Montagné (grand luxe), 5, *rue de l'Echelle*. — Ce prince des cuisiniers s'intitule simplement " traiteur ". Mais quel art pour les gourmets raffinés ! Son petit restaurant est un salon aristocratique charmant. (Ses poissons, ses volailles, son faisan au pâté de foie gras et ses biscuits glacés).

Au Bœuf à la Mode, 8, *rue de Valois*. — Bonne maison, vieille renommée et qui la mérite. (Spécialité : bœuf à la mode).

La Régence, 161, *rue Saint-Honoré* (près du Théâtre-Français). — Café-restaurant. Bonne table. Dans la salle du restaurant, la table sur laquelle Napoléon jouait aux échecs (salle réservée pour les joueurs d'échecs).

Duval, 6 *rue Montesquieu*. Le plus grand de Paris.

Jean Casenave, 11, *rue Sainte-Anne*. — Traiteur. Cuisine simple et confortable. Bon cuisinier, plats de famille. Spécialités méridionales. Cave excellente.

La Bonne Auberge, 5, *rue Sainte-Anne*. — Spécialités de cuisine des provinces et vins de France.

Chez Richard (Caveau de Camille Desmoulins), 5, *rue de Beaujolais*. Salles en sous-sol où se réunirent, sous la Révolution française, de farouches conspirateurs. Coup d'œil très curieux. Bonne cuisine tchécoslovaque.

Duval, 194, *rue de Rivoli*.

Langer, *Champs-Elysées*. — Il y a toujours, à la belle
saison, une foule élégante chez *Langer* et la plupart s'at-
tardent à danser en sablant le champagne, aux sons d'un
des orchestres les plus réputés de Paris. Le champagne n'est
pas obligatoire comme à Montmartre. Attractions diverses.
Concours de danse avec prix. Beaucoup de jolies et ai-
mables Parisiennes. En été on dîne et on soupe au jardin
(v. p. 70).

Ledoyen (luxe), *carré des Champs-Elysées, côté gauche*
(tél. : Central 44-83). — Ce restaurant est situé d'une façon
fort agréable en été. On peut dîner là en plein air comme
à la campagne.

La cuisine est bonne (spécialité de saumon sauce verte),
et les vins sont dignes de la cuisine.

RESTAURANT DES AMBASSADEURS (luxe), *carré
des Champs Elysées, côté droit* (tél. : Central 44-84). —
Au milieu des bosquets, avec terrasse de laquelle on assiste
au café-concert (v. p. 89). Cuisine choisie. Public fort
élégant.

Laurent, *coté droit* (luxe), 41, *avenue Gabriel* (carré
Marigny). — Excellente table. Clientèle mondaine. Très
parisien. On danse.

Le grill-room et restaurant du Claridge (luxe), 74,
avenue des Champs-Elysées. — Table de premier ordre.
Clientèle élégante. On soupe (v. p. 68).

LES CHAMPS-ÉLYSÉES (luxe), 63, *aven. des Champs-
Elysées*. — Grill-room et restaurant. Salle très agréablement
décorée et cuisine de premier ordre (v. p. 70).

Café Anglais (Carlton), 119, *avenue des Champs-Elysées*.
— Restaurant mondain. Bar américain.

Voltera, 136, *avenue des Champs-Elysées*. — Mondain et
demi-mondain. Orchestre. Danses (Dîners. Thés).

LE FOUQUET'S (luxe), 99, *avenue des Champs-Elysées*. Cuisine de haute qualité. Grands vins. Clientèle élégante et demi-mondaine le soir. Bar américain. Magnifique terrasse. Soupers.

AUX ENVIRONS

DU ROND-POINT DES CHAMPS-ÉLYSÉES

Restaurant Franco-Italien, 5, *avenue Matignon*. — Clientèle élégante. Terrasse sur les Champs-Elysées.

Restaurant Berkeley, 7, *avenue Matignon*. — Cuisine roumaine).

Le Cabaret (luxe), 4, *avenue Victor-Emmanuel-III*. — Jolie salle élégante, très fréquentée par un public chic et parisien. Bar américain.

Le Cheval Pie, 2, *avenue Victor-Emmanuel-III*. — Mondain. Jolie salle rustique. Spécialités de poissons.

Le Coup de Fusil, 28, *avenue Victor-Emmanuel-III*. — Cuisine excellente. Salle style rustique.

La Crémaillère, *place Beauvau*. — Bon traiteur. Cuisine excellente. Clientèle distinguée. Maison où l'on va en gourmet.

Restaurant des Gaufres, 1, *avenue Matignon*. — Bar.

Chez Francis, 7, *place de l'Alma* (Ely. 79-44). — Bonne cuisine.

Victor Casenave, 10, *rue de Duras* (près l'Élysée).

ENVIRONS DE LA PLACE DE L'ETOILE

Petit Durand, 27, *avenue Victor-Hugo*. — Excellente table.

PRUNIER, 16, *avenue Victor-Hugo*. Voir page 55.

La Biche au Bois, 172, *avenue Victor-Hugo*. — Genre hostellerie. Excellente cuisine. Bar.

Mon Repos, 177, *avenue Victor-Hugo*. — Bonne cuisine·
Spécialités et attractions russes.

Auberge du Cul Blanc, 22, *avenue Niel* (Wagram
19-87). — Salle charmante d'auberge très campagnarde.
Spécialités de rôts. Bordeaux et muscadet.

Taverne alsacienne du Prado, 41, *avenue Wagram*. —
Déjeuners, divers, soupers. Orchestre symphonique. Spécialité choucroute.

Auberge du Pet de Nonne, 77, *boul. de Courcelles*. —
Bonne cuisine.

AUX ENVIRONS DE LA PORTE-MAILLOT

Paris-Bar, 271 *bis, boul. Pereire*. — Très bonne cuisine.
Chapon Fin, 261, *avenue Malakoff*. — Excellente cuisine.

Aux environs des Halles et du Châtelet

AUX HALLES

L'Escargot, 38, *rue Montorgueil*. — Un vrai traiteur. On
y déjeune et dîne d'une façon parfaite, surtout les friands
d'escargots, d'entrecôte bordelaise et de gibiers ou d'huîtres.

Le Pied de Mouton, 19, *rue Vauvilliers*. — D'aspect
simple, ouvert seulement au déjeuner, où excellent les spécialités (pieds de mouton, rognons brochette, grillades).

Pharamond, 24, *rue de la Grande-Truanderie*. — Renommé pour les tripes à la mode de Caen, arrosées de cidre de
Normandie mousseux. On y déjeune seulement.

Duval, 3, *rue Turbigo*.

PRÈS DU CHATELET

Taverne Zimmer, *place du Chatelet*.
Brasserie Dreher, 1, *rue Saint-Denis*.
Duval, 45, *rue de Rivoli*.

Restaurant de la Rive Gauche

QUARTIER LATIN -- ODEON

Lapérouse (luxe), 51, *quai des Grands-Augustins.* — Public d'étrangers et de Parisiens. La maison a un aspect sérieux et respectable ; les cabinets particuliers sont solennels et bien décorés. Vue pitoresque sur la Seine et le Pont-Neuf. On mange particulièrement bien chez Lapérouse. C'est une cuisine cossue et succulente. La cave est de 1er ordre célèbre pour ses bourgognes. (Spécialités : bécasses aux fumets, canetons à la Rouennaise, soufflés Palmyre).

La Tour d'Argent (également hotel) (grand luxe), 15, *quai de la Tournelle.* — Vieille renommée. Rendez-vous des gros négociants, fréquenté aussi par ces Américains millionnaires qui y dégustent des plats baptisés de leurs noms. (Spécialités : le caneton Frédéric, l'escalope de saumon Courtois, le poulet farci à la Tour d'Argent).

Foyot (luxe), 33, *rue de Tournon.* — C'est le restaurant du Sénat. Clientèle grave. Cuisine parfaite.

Taverne du Panthéon, 63, *boul. Saint-Michel.* — Public des écoles et d'étrangers. Très animé le soir surtout dans le vaste sous-sol où la jeunesse danse follement.

Le Café d'Harcourt, *place de la Sorbonne et 47, boul. Saint-Michel.* — Ce restaurant est fréquenté par les étudiants riches et leurs petites amies. L'heure du dîner est animée ; et de 9 h. du soir à 2 h. du matin, le Café d'Harcourt, comme le Gipsy et la Taverne du Panthéon, dans le voisinage, sont le rendez-vous préféré des petites femmes du Quartier latin.

Café Soufflet, 25, *boul. Saint-Michel.*

Médicis, grill-room, 15, *rue de Médicis, 4, place Edmond-Rostand.* — Bonne cuisine.

Gipsy, 5, *rue Cujas.* — Dîners et soupers. Bar américain. Dancing. Amusant à partir de minuit.

Restaurant grec, 33, *rue des Ecoles*. — Modeste, et plats appropriés à sa clientèle exotique. Courgettes farcies, moussaka.

A la cure de Yogourt, 8, *rue de la Sorbonne*. — Petite crèmerie de régime (végétarien et lacté, pâtisserie turque) Prix modérés. Clientèle des étudiants exotiques.

Larivière, 56, *boul. Saint-Michel*. — Soupers. Bonne cuisine.

Auberge du Vert Galant, 12, *quai des Orfèvres*. — Genre hostellerie.

GARE DU NORD :

Le Buffet de la Gare, 18, *rue de Dunkerque* (tél. : Trudaine 06-88 et 19-41.
Restaurant Terminus-Nord, 12, *boul. Denain.*
Restaurant Lequien, 9, *boul. Denain.*
Restaurant Duval, 127, *rue Lafayette.*

GARE P.-L.-M. :

Le Buffet-Restaurant de la Gare (tél. : Diderot 09-06).
Taverne Gruber, 2, *rue de Lyon.*
Restaurant Duval, 4, *rue de Lyon.*

GARE DE L'EST :

Le Buffet de la Gare.
Restaurant Drouant, 79, *boul. de Strasbourg.*
Brasserie Heidt, 81, *boul. de Strasbourg.*
Duval, 6, *rue de Strasbourg.*
Tourtel-Est, 13, *boul. de Strasbourg.*

GARE SAINT-LAZARE :

Café-Restaurant Terminus, 108, *rue Saint-Lazare* (tél. : Gutenberg 27-57).
Brasserie-Restaurant Mollard, 113, *rue Saint-Lazare.*
Garnier, 17, *place du Havre.*
Chateaubriand, 98, *rue Saint-Lazare.*

GARE MONTPARNASSE :

Buffet de la Gare.
Lavenue, 1, *rue du Départ* (tél. : Ségur 05-23). — Maison connue par tous les viveurs pour sa chère succulente, ses

vins de derrière les fagots et ses cabinets particuliers... dont on dit merveille. On vient de tous les coins de Paris dîner chez Lavenue.

Taverne Montparnasse (Brasserie Dumesnil), 73, *boul. Montparnasse.*

Lutetia, 43, *boul. Raspail.* — Grill-room. Bon restaurant. Prix modérés.

GARE D'ORSAY :

Buffet-Restaurant de la Gare. (tél. : Ségur 29-13).
Restaurant du Palais d'Orsay. — A côté de la gare.

GARE D'AUSTERLITZ :

Buffet de la Gare.
Le Chalet du Jardin des Plantes, *place Valhubert.*

GARE DE LA BASTILLE :

Les Quatre Sergents de La Rochelle, 3, *boul. Beaumarchais* (tél. : Archives 22-25).
Gruber, *place de la Bastille.*
Boffinger, 7, *rue de la Bastille.*
Duval, 3, *rue Saint-Antoine.*

Restaurant Turc, 11, *rue Cadet*. — Modeste (pilaffe et mouton aux gourbaux, couscouss, café turc.

Restaurant Israélite, 3, *rue des Rosiers*. — Modeste, carpes à la juive et patipènes israélites.

Restaurant Indien, 2, *rue de Hanovre*. — Modeste. poulet, homard au sang.

Restaurant Chinois, 2, *rue de l'Ecole-de-Médecine*. — La salle de l'ancienne taverne Pascal a été magnifiquement aménagée à la chinoise, en rouge et or. Plats innombrables au menu. Tous les délices de la Chine. Très bien servi, avec ou sans baguette d'ivoire pour manger. Clientèle exotique et étrangère. Coin curieux. (Spécialités : potages, poissons de Chine et les desserts.

Restaurant Chinois, 11, *rue des Carmes*. — Dans le genre du précédent. Plus intime et plus simple.

Restaurant Hollandais « au Neuvième art », 55, *rue Pigalle*. — Plats hollandais et javanais.

Chez Richard, 5, *rue de Beaujolais*. — Cuisine tchèque.

Chez Louis, 7, *rue de Surène*. — Cuisine tchèque. Modeste·

RUSSES

Hitty jeune, 390, *rue Saint-Honoré*. — Excellente cuisine et très variée. Thé mondain.

Le Caneton, 19, *rue de la Bourse*.

Restaurant Franco-Tchèque, *rue Gaillon*.

La Maisonnette des comédiens russes, 36, *rue Vivienne*. — Très mondain.

La Maisonnette russe, 36, *rue du Mont-Thabor*. — Très mondain.

Restaurants du Bois de Boulogne

Les restaurants du Bois sont tous très élégants, mais accessibles aux grandes bourses seulement.

Restaurant du Pré Catelan, *Bois de Boulogne*. — Un des endroits les plus chics et des plus à la mode. Beaucoup de monde les jours de courses et le dimanche. Excellent restaurant. Prix élevés. Situation magnifique. Orchestre tzigane. Danse. Soupers.

CAFÉ-RESTAURANT DU CHATEAU DE MADRID, *allée de Madrid.* — En plein Bois de Boulogne, le château de Madrid est le rendez-vous des amazones et d'étrangers, des clubmen élégants ainsi que des actrices et des demi-mondaines.

Bosquets et charmilles. Cabinets et salons. Cuisine et caves renommées. Prix des grandes bourses. Dîners, déjeuners, soupers, danses, attractions.

Pavillon d'Armenonville, *allée d'Armenonville.* — A côté du Jardin d'Acclimatation. Beaucoup de fraîcheur en été ; bosquets pleins d'ombre, lac devant la terrasse. Cuisine et cave de 1er ordre (prix élevés). Fréquenté par le Tout-Paris et les actrices en renom.

Très curieux à voir l'après-midi, de 5 à 7 heures. C'est là qu'on voit les femmes les plus élégantes de Paris. Orchestre. Danse. Attractions. En été on dine, on soupe et on danse en plein air jusqu'à trois heures du matin.

L'Ermitage de Longchamp. — Près du pont de Suresnes, enfoui au milieu des arbres du Bois, c'est un endroit merveilleux, très fréquenté l'été. Danses. Dîners de gala. Attractions. Soupers.

Pavillon Royal. — Situé à la pointe du lac, cet élégant restaurant a une vue admirable.

Restaurant de la Cascade (Réseau de Suresnes), *allée de la Cascade.* — Tout près de la Cascade du Bois de Boulogne. On y dîne peu en été, on y vient aussi après dîner. Orchestre. Danse.

Restaurant du Lac (dans l'île). — Très agréable en été. Bonne cuisine. Vue charmante sur le lac où l'on voit le défilé par centaines des petites barques illuminées le soir.

Café-Restaurant du Touring-Club, *à la Porte Maillot.* — Au milieu de la verdure. On déjeune et l'on dîne sous des velums et bosquets. Orchestre.

Pavillon Dauphine, *à la Porte Dauphine.* — Trés fréquenté en été par le monde et d'élégantes demi-mondaines. Orchestre. Voir le dimanche vers midi : rendez-vous nombreux d'amazones et de cavaliers. Dîners, déjeuners, soupers.

Les Bars, Dancings, Thés

Ouverts l'après-midi

L'heure du thé dansant (de 4 à 7) est une des plus exquises de la journée.

Le Thé dansant est l'endroit par excellence où l'on rencontre les élégances parisiennes et étrangères.

En raison du luxe de ces établissements situés dans le cœur de Paris ou aux Champs-Elysées et Bois de Boulogne, le prix du thé est toujours assez élevé (de 15 à 25 francs).

Ces établissements sont presque toujours installés avec goût et confort, selon la tradition la plus moderne.

Parmi les plus sélects et les plus curieux, citons :

A la Marquise de Sévigné, 11, *boul. de la Madeleine.* — Public élégant. Beaucoup de femmes du monde. Thé.

American Bar (Au trou dans le mur), 23, *boul. des Capucines.* — Doit son nom à son entrée minuscule sur le boulevard. On y déjeune aussi.

Angel's Bar, 34, *rue Caumartin.* Coquet petit bar où l'on dîne fort agréablement (prix fixe). Un rendez-vous de connaisseurs.

Armenonville, *Bois de Boulogne* (v. p. 67). Danse.

Bar des Cent Culottes, 7, *rue Daunou* (Louvre 03-81). — Charmant petit bar au deuxième étage du Hollywood-Daunou, club où se rencontre surtout le monde du cinéma. Pour déjeuner ou dîner au bar, il faut être membre du club, ou présenté par un membre. Mais on peut consommer au bar et à des prix modestes.

Bar Voltera, 3, *rue Balzac.*

BODEGA, 1, *rue de Castiglione* (angle de la rue de Rivoli). Un décor agréable et propice à la dégustation. Ce **bar** est le rendez-vous fort élégant d'avant-dîner. Situé à proximité des grands hôtels parisiens, réunit toujours une clientèle féminine élégante.

Café Anglais, 119, *avenue des Champs-Elysées.* — Bar.

Claridge, 74, *avenue des Champs-Elysées* (v. p. 59). Danse. Si l'hôtel du Claridge et ses **thés dansants** sont le type du « rendez-vous of fashion », bien parisien, son **bar** ne l'est pas moins. A l'heure de l'apéritif, grande animation.

Carlton, 119, *avenue des Champs-Elysées*. Danse.

Chatham, 17, *rue Daunou*.

Le **bar** de l'hôtel Chatham regorge de monde à l'heure du porto et des cocktails.

Un des rendez-vous les plus chics de Paris, plus spécialement fréquenté par le monde du turf.

Cintra, *square Boudreau*. **Bar**. Décor amusant.

A l'heure de l'apéritif, pour se délasser dans un calme apparent des fatigues du jour, le Paris des courses, ou de la Bourse et d'ailleurs se donne rendez-vous là et l'on y rencontre aussi de fort jolies femmes, mannequins, modistes, théâtreuses, etc.

Toujours beaucoup de monde et un grand va-et-vient, surtout au sous-sol où le « cocktail aux huîtres » attire les plus fins amateurs.

Coliseum, 65, *rue Rochechouart*. Danse.

COLOMBIN, 4, *rue Cambon*. — Fréquenté surtout par les femmes du monde. Thé.

Dixie, 20, *rue Cambon*. — Thé.

El Mano, 4, *rue Edouard-VII*. On finit fort agréablement un après-midi au bar de l'*El Mano*, à deux pas des boulevards où l'on peut déguster les plus délicieux cocktails.

Le samedi après-midi surtout l'animation est très grande. Profitant de la semaine anglaise, un grand nombre de vendeuses et de mannequins de nos grandes maisons de couture se pressent dans cet établissement des plus coquets. Le soir, on danse.

Ermitage, *Bois de Boulogne* (v. p. 67). Danse.

Fantasio, 12, *rue du Faubourg-Montmartre*. — Dancing. Attractions variées. Public mélangé.

Fast, 13, *rue Royale*. — Thé. Librairie.

Forum, 4, *boul. Malesherbes*. Le **bar** élégant de la Madeleine. Une salle très agréable et, à l'heure du porto, on rencontre au Forum un public choisi.

FOUQUET'S, 99, *avenue des Champs-Élysées*. Situation magnifique et très belle terrase. — Bar particulièrement renommé où se retrouvent de nombreuses mondaines et demi-mondaines.

Germain, 20, *rue de la Michodière* (**Bar**). — Public des courses (v. p. 57).

Gerny's, 8, *rue Port-Mahon.* (Bar) — Grande clientèle féminine (v. p. 57).

Grand Ermitage moscovite, 24, *rue Caumartin.* — Dancing. Bar.

Ixe Opera, 6, *rue Halévy.* — Excellent thé.

Ixe Royale, 24, *rue Royale.* — Beaucoup de monde au sous-sol, bonne pâtisserie.

Kardomah, 1, *rue de l'Echelle.* — Thé. Dégustation de thé indo-chinois et de café.

La Crémaillère, bar, *place Beauvau.*

Langer, *Champs-Elysées* (v. p. 59). Danse.

Le Bœuf sur le Toit, 128, *rue Boissy-d'Anglas* (v. p. 55).

Cette appellation originale désigne un des **bars** les plus chics du quartier de la Madeleine, où fréquentent plus spécialement les plus élégants jeunes maîtres de la littérature française d'avant-garde. On danse également.

Les Acacias, 49, *rue des Acacias.* Ce dancing, qui porta d'abord le nom de "Rectors-Club" est dirigé par Joséphine Baker que l'on y voit l'après-midi à partir de 4 heures. Décor champêtre, frais, agréable.

LES CHAMPS-ELYSÉES, 63, *avenue des Champs-Elysées* (v. p. 59).

Bar au sous-sol le plus fréquenté de Paris, et qui est à l'heure de l'apéritif une véritable ruche bourdonnante, où maintes très jolies femmes se donnent le plus mondain des rendez-vous.

Le Sélect, 100, *avenue des Champs-Elysées.* — Petit bar où l'on rencontre surtout le demi-monde.

L'Oiseau Bleu, 47, *boul. Haussmann.* — Joli décor. Mondain. Seulement thé.

Letessier, 15, *avenue Victor-Hugo.* Bar.

MAC-MAHON, 29, *avenue Mac-Mahon.*

Un **dancing** particulièrement sélect et un **bar** élégant un rendez-vous très parisien où le monde et le demi-monde se confondent et se mêlent dans une perpétuelle fête de l'élégance.

Toujours une grande animation et un coup d'œil ravissant.

MAXIM'S BAR, 3, *rue Royale* (v. p. 54).

Mikado, *au coin du boul. Rochechouart* (Ouvert le soir). Décors japonais. Public mélangé.

OUSSADBA, 84, *rue du Faubourg-Saint-Honoré.* —
Spécialités de pâtisserie russe. Cette « Oussadba » (maison de
campagne) a pour but de venir en aide aux réfugiés russes
en leur servant d'intermédiaire pour la vente de leurs bijoux,
meubles... Le thé est servi par des dames de l'aristocratie
russe, pendant que l'on écoute les plus beaux airs du répertoire russe.

Petit Teddy, 43, *rue Caumartin.* Danse.

Pré Catelan, *Bois de Boulogne* (v. p. 66). Danse.

Primerose Tea, 23, *rue du Bac* (7e). — Thé russe. Spécialités russes.

Primo's Bar, 2, *boul. Malesherbes.* Petit bar tranquille.

Potel et Chabot, 4, *avenue Victor-Hugo.* — Bonne pâtisserie. Thé.

REBATTET, 12, *rue du Faubourg-Saint-Honoré.* —
Pâtisserie très à la mode. Clientèle féminine très chic et
mondaine.

Rey, 95, *avenue Victor-Hugo.* — Thé. Excellente pâtisserie très à la mode.

ROMANO (v. p. 50).

RUMPELMEYER, 226, *rue de Rivoli.* — Bonne pâtisserie. Thé. Très mondain.

Sirdar, 50, *avenue des Champs-Elysées.* — Simple, mais
mondain.

Sherry Shop, 6, *rue Castiglione.* — Clientèle anglaise et
américaine. Spécialités américaines. Décor curieux. Thé.

Smith, 248, *rue de Rivoli.* — English tea rooms. Thé.
Librairie.

Taverne de l'Olympia, 28, *boul. des Capucines* (v. p. 97).
Danse. Très mélangé. Cabaret artistique *La Mascotte*, à
partir de 9 heures, au sous-sol.

Thé Récamier, 24, *rue du Mont-Thabor.* Mondain.

Topsy, 55, *boul. Haussmann.* Lunchs. Thés.

VOLTERA, 136, *avenue des Champs-Elysées.* — Bar.
Dancing.

Washington Palace, 14, rue Magellan. Dancing particulièrement élégant. Nombreuses demi-mondaines en vue.

William's, 3, *rue Volney.* — Américain bar. Clientèle
surtout américaine.

⊛ ⊛ Théâtres et Spectacles ⊛ ⊛

Les prix des théâtres varient selon les directeurs et changent souvent. C'est pour cela que nous avons cru inutile d'indiquer les prix des places. Ces prix varient en général, de 10 à 50 fr. la place. Les prix sont toujours affichés à l'entrée.

Les bureaux de location sont généralement ouverts à partir de 11 heures du matin.

Les théâtres ouvrent leurs portes à 8 heures et commencent à 8 h. 1/4, 8 h. 1/2, 8 h. 3/4 ou 9 heures. Dans quelques théâtres de comédies, on joue encore quelquefois une petite pièce appelée « lever de rideau » avant la pièce de résistance en 3 ou 4 actes, qui *ne commence qu'à 9 heures* (Consulter le programme publié par tous les journaux).

Tous les théâtres, music-halls, cirques, cinémas donnent des représentations tous les soirs, excepté l'Opéra qui ne joue que quatre ou cinq fois par semaine (consulter les journaux pour les dates et le programme) et le dimanche après-midi. Quelques théâtres, comme le Théâtre Daunou, le Grand-Guignol et presque tous les music-halls, donnent également des matinées le samedi. D'autres, tels que la Porte-Saint-Martin, l'Ambigu, la Renaissance, le Palais-Royal et le Français, l'Odéon et l'Opéra-Comique jouent en matinée le jeudi.

Enfin la Comédie-Française et l'Odéon donnent des matinées poétiques le samedi, à 16 h. 30.

Les cinémas jouent en matinée (14 h. 30) et en soirée (20 h. 30) Certains cinémas des boulevards jouent sans interruption de 14 h. 30 à 23 heures.

Tous les spectacles se terminent entre 23 h. 30 et minuit.

Les journaux quotidiens annoncent chaque jour le programme de chaque théâtre et l'heure de la représentation. Ils annoncent également le dimanche le programme complet de la semaine pour les théâtres subventionnés, ainsi que les premières représentations toujours très courues et fréquentées par un public très mondain.

Le seul programme exact est vendu à l'intérieur des théâtres.

Il faut se méfier des programmes vendus dans les rues devant les théâtres et qui risquent d'être erronés.

Pendant les spectacles autres que les cirques et les cinémas, le chapeau est interdit aux dames.

Dans les théâtres chics, tels que le Théâtre Michel, le Vaudeville, les Variétés, les Mathurins, la Potinière, les Capucines, le Daunou, l'Opéra, l'Opéra-Comique et le Français, la tenue de soirée est préférable.

Pour se procurer des places, le mieux est de les retenir à l'avance au bureau de location afin d'être bien placés. Au dernier moment, plutôt que de faire une longue attente au bureau du théâtre, il est préférable de se procurer les places dans une agence théâtrale de location. Les places prises dans ces agences subissent de ce fait une légère majoration.

L'ABRI

167, *rue Montmartre* (tél. : Gutenberg 50-15). — Métro : *Bourse*. — 400 places.

Petit théâtre situé dans un sous-sol. On y joue surtout des revues et quelquefois des opérettes ou des vaudevilles.

THÉATRE ANGLAIS

64, *rue du Rocher*. — Laborde 21-49.

C'est l'ancien théâtre Albert-Iᵉʳ. On y joue des pièces anglaises en anglais.

THÉATRE ANTOINE

14, *boul. de Strasbourg* (tél. : Nord 36-32, 36-33). — Métro : *Saint-Denis*. — 1.000 places.

M. André Antoine y créa, en 1897, son fameux « Théâtre Libre ». Après Antoine, M. Firmin Gémier, maintenant directeur de l'Odéon, dirigea longtemps les destinées de ce théâtre. On y joue des comédies.

THÉATRE DES ARTS

78 bis, *boul. des Batignolles* (tél. : Wagram 86-03). — Métro : *Villiers, Rome*. — 650 places.

C'est l'ancien *Théâtre des Batignolles* fondé vers 1830, dont le répertoire se composait presque exclusivement de drames populaires.

Ce théâtre de quartier est devenu un des principaux théâtres d'art de Paris. C'est là que se firent en France les premiers essais de la rénovation du décor. Ce petit théâtre suit un programme éclectique et littéraire allant de François de Curel, le profond philosophe, à Fonson, l'auteur de la célèbre *Mlle Beulemans*.

L'ATELIER

Place Dancourt. Nord 49-24.
On joue des pièces très modernes.

THÉATRE DE L'ATHÉNÉE

Square de l'Opéra, 9, rue Boudreau (tél. : Central 82-23). — Métro : *Opéra.* — Nord-Sud : *Madeleine.* — 740 places.
Jolie salle coquettement décorée. On y joue des comédies légères, du genre dit *très parisien.*

THÉATRE DE L'AVENUE

5, rue du Colysée (tél. : Elysées 49-34). — 600 places.
Situé à quelques pas de l'avenue des Champs-Elysées. Salle très coquette, fauteuils confortables. Bons spectacles.

LES BOUFFES-PARISIENS

4, rue Monsigny (tél. : Gutenberg 45-58). — Métro : *4-Septembre.* — 850 places.
Le théâtre des *Bouffes-Parisiens* remonte sous ce nom à l'exposition universelle de 1855. Ce fut Offenbach qui le fonda.
C'est un théâtre à succès. On y joua *Phi-Phi* plus de mille fois, puis *Dédé*, prouvant ainsi que le public ne se lasse pas des opérettes à livret libertin et à musique endiablée.

LES CAPUCINES

39, boul. des Capucines (tél. : Gutenberg 56-40). — Métro : *Opéra, Madeleine.* — Nord-Sud : *Madeleine.* — 201 places.
C'est une véritable bonbonnière où les comédies très légères alternent avec de spirituelles revuettes particulièrement lestes.

LE CHATELET

Place du Châtelet (tél. : Gutenberg 02-87). — Métro : *Châtelet.* — 3.400 places.

Ce théâtre fut fondé en 1780 par Antoine Franconi et l'écuyer Astley. Il était alors située 24, faubourg du Temple. Il ne fut transféré place du Châtelet qu'en 1862. La salle — la plus vaste de Paris — due à l'architecte Davioud, coûta près de trois millions et demi. Le Châtelet est célèbre par ses féeries et ses pièces à grand spectacle qu'autorise une scène immense mesurant 23 m. 50 sur 22 mètres. C'est un théâtre de famille, par excellence.

THÉATRE CLUNY

71, *boul. Saint-Germain* (tél. : Gobelins 07-76). — Métro : *Saint-Michel, Odéon.* — 850 places.

Construit en partie sur l'emplacement de l'ancien couvent des Mathurins (qui fut fondé en 1290), le *Théâtre Cluny* existe depuis 1864. On y joue des vaudevilles, des comédies bouffes. Public de quartier. Beaucoup d'étudiants.

COMÉDIE DES CHAMPS-ÉLYSÉES

15, *avenue Montaigne* (tél. : Passy 27-49). — Métro : *Marbeuf ou Alma.*

Construite dans le même immeuble que le *Music-hall des Champs-Elysées* et au-dessus de lui, la *Comédie des Champs-Elysées* a inauguré ses spectacles en 1913. Elle fut le Théâtre d'Art de M. Gémier, puis donna asile à la troupe du grand artiste russe Pitoeff. La direction actuelle a continué la tradition en montant des spectacles d'art et d'avant-garde.

STUDIO DES CHAMPS-ÉLYSÉES

Il se trouve dans le même immeuble que le *Music-hall des Champs-Elysées.*

Petite salle, mais très agréable dans laquelle on donne des pièces qui traitent surtout de la psychologie maladive.

COMÉDIE CAUMARTIN

25, *rue Caumartin* (tél. : Louvre 07-36). — Métro : *Caumartin, Opéra.* — 460 places.

Construit sur l'emplacement des jardins célèbres de l'ancien hôtel du fermier général de La Haye. On joue à la Comédie Caumartin des pièces agréables, légères, bien interprétées.

COMÉDIE-FRANÇAISE

2, 4, 6, *rue de Richelieu* (tél. : Gutenberg 02-22). — Métro : *Palais-Royal.* — 1.400 places.

La *Comédie-Française* ou « *Théâtre Français* » ou simplement le « *Français* » est la première scène comique et dramatique de France.

Ce théâtre, fondé par Molière, date de 1680, époque à laquelle, par ordre de Louis XIV, la troupe de l'Hôtel de Bourgogne fut réunie à celle du Théâtre Guénégaud situé rue Mazarine.

Détruite par un incendie le 8 mars 1900, la salle actuelle fut reconstruite la même année et inaugurée le 29 décembre.

Si le *Théâtre Français* est la « Maison de Molière », de Racine, de Corneille, de Rengard et de Marivaux, c'est-à-dire du théâtre classique, c'est aussi la maison où furent joués les chefs-d'œuvre de Scribe, de Legouvé, d'Emile Augier, de Jules Sandau, d'Alfred de Musset de Victor Hugo, de Jules Lemaître, des deux Dumas, de Pailleron, de Lavedan, de Meilhac et d'Halévy, de Jules Renard, de Brieux, de Jean Richepin, de Maurice Donnay, de Georges Courteline, de Paul Hervieu, d'Henry Bataille, de Robert de Flers et de Caillavet, etc., de tous ceux enfin qui personnifient la force, la finesse, le charme et l'élégance de l'esprit français.

La *Comédie-Française* a réuni dans son sein toute la pléïade des grands comédiens.

A la tête des actrices se trouvent Mmes Cécile Sorel, Marie-Thérèse Piérat, Madeleine Roch, Louise Silvain, Jeanne Delvair, Berthe Bovy, Dussane, Gabrielle Robinne, Colonna-Romano, Marie Leconte, Berthe Cerny, etc.

La troupe des hommes est plus importante : MM. Silvain, de Féraudy, Le Bargy, Albert Lambert, Georges Berr, Raphaël Duflot, André Brunot, Alexandre, Léon Bernard, Dehelly, Siblot, Georges Le Roy, Denis d'Inès, Croué, Dessonnes, Desjardins, Granval, etc.

La *Comédie-Française*, par son histoire, ses traditions, sa renommée, a pour mission de conserver et de transmettre les chefs-d'œuvre dramatiques français. Elle n'y manque pas et c'est pourquoi Corneille, Racine et Molière soulèvent chaque jeudi aux matinées classiques et plusieurs jours de la semaine, en soirée, un enthousiasme fanatique. Les comédiens d'élite de la « Maison de Molière » entretiennent un perpétuel hommage aux grands noms de notre littérature dramatique.

THÉATRE COMŒDIA

47, *boul. de Clichy* (tél. : Trudaine 10-12). — 550 places. Théâtre où l'on joue des vaudevilles et des comédies-bouffes.

THÉATRE DAUNOU

7, *rue Daunou* (tél. : Louvre 36-74). — Métro : *Opéra,* 437 places.

C'est à deux pas des boulevards, entre la rue de la Paix et l'avenue de l'Opéra, un petit théâtre coquet comme une bonbonnière et doré comme un bijou. Il est tapissé de velours bleu contrastant avec sa décoration blanche et or. Il fut construit sous les ordres de Mlle Jane Renouardt qui y a donné des comédies très parisiennes, alternant avec opérettes jouées plusieurs centaines de fois comme *Ta bouche,* d'illustre mémoire.

THÉATRE DÉJAZET

41, *boul du Temple* (tél. : Archives 16-80). — Métro : *République.* — 900 places.

On y joue des vaudevilles, de grosses farces et souvent même des comédies militaires.

THÉATRE EDOUARD-VII

Place Edouard-VII (tél. : Louvre 32-60). — Métro : *Opéra et Caumartin.* — Nord-Sud : *Madeleine.* — 723 places.

Ce théâtre est un des plus typiques du boulevard. M. Sacha Guitry lui a donné la vogue en y jouant, avec sa femme Yvonne Printemps et son père Lucien Guitry, ses pièces pleines de verve et de fantaisiste philosophie.

L'ELDORADO

4, *boul. de Strasbourg* (tél. : Nord 42-17). — Métro : *Saint-Denis.* — 1.200 places.

Café-concert où débuta Judic. Peu à peu les comédies en deux actes et les revues qui tiennent toute une soirée ont remplacé les spectacles coupés de jadis, pour aboutir aux véritables pièces, comme le célèbre *Crime du Bouif* dont le public ne se lasse pas.

THÉATRE FÉMINA

90, *avenue des Champs-Elysées* (tél. : Elysée 29-78). — Métro : *Marbeuf* ou *Georges-V.* — 750 places.

Les comédies modernes y alternent avec des spectacles d'art.

FOLIES-DRAMATIQUES

40, *rue de Bondy* (Nord 37-00).

Ce théâtre a succédé en 1862, au théâtre du même nom. On y joua des opérettes d'Offenbach, Vasseur, Messager. Il eut des succès retentissants avec les opérettes universellement connues : le *Petit Faust,* la *Fille de Madame Angot,* les *Cloches de Corneville,* la *Fille du Tambour-major, Surcouf, Coquin de printemps, Fanfan la Tulipe.*

Depuis quelque temps, les Folies-Dramatiques donnent également des pièces réalistes.

THÉATRE DE LA GAITÉ-LYRIQUE

Square des Arts-et-Métiers (tél. : Archives 29-20). — Métro : *Arts-et-Métiers, Réaumur-Sébastopol.* — 2.000 places.

Ce théâtre fut construit en 1759. Après avoir hésité longtemps entre l'opéra grave et l'opéra léger, le *Théâtre de la Gaité-Lyrique* semble vouloir se cantonner dans le domaine de l'opérette.

LE GRAND GUIGNOL

30 *bis, rue Chaptal* (tél. : Trudaine 28-34). — Métro : *Place Blanche.* — Nord-Sud : *Saint-Georges.* — 285 places.

Salle très curieuse. Intéressante formule de spectacles coupés offrant des comédies alternées avec des drames angoissants. Ce théâtre n'est pas recommandé aux femmes impressionnables ou nerveuses.

THÉATRE DU GYMNASE

38, *boul. Bonne-Nouvelle* (tél. : Gut. 08-07). — Métro : *Saint-Denis.* — 1.100 places.

M. Henry Bernstein dirige ce théâtre après y avoir obtenu comme auteur de nombreux succès. Ses nouvelles Œuvres y alternent avec celles d'autres auteurs célèbres.

L'ŒUVRE

55, *rue de Clichy* (cité Mouthiers) (tél. : Gutenberg 67-31).

Fondée en 1893 par MM. Lugné-Poé, Camille Mauclair et Edouard Vuillard, la Société de l'Œuvre donnait son premier spectacle le 13 mai 1893, dans la salle des *Bouffes-Parisiens.*

La troupe d'interprètes qu'a constitué M. Lugné-Poé au cours des vingt années de l'Œuvre est devenue comme une école d'art ; et nombre de ces pièces montées à l'*Œuvre* ont sinon révélé du moins affermi l'autorité de tel ou tel parmi nos meilleurs auteurs.

Après avoir erré pendant vingt ans de scène en scène, allant des *Bouffes-Parisiens* au *Théâtre Marigny,* la Société de l'Œuvre s'installa définitivement en octobre 1919 dans la salle Berlioz, jusqu'alors salle de concerts, et où elle peut maintenant offrir au public parisien des spectacles réguliers et digne d'intérêt.

THÉATRE DE LA MADELEINE

19, *rue de Surène.*

Construit il y a trois ans. Salle assez grande et coquette. On y joue des pièces originales qui ont beaucoup de succès,

THÉATRE MARIGNY

Avenue des Champs-Elysées (tél. : Elysée 01-89). — Métro : *Champs-Elysées, Concorde.* — Nord-Sud : *Concorde.* — 850 places.

Un gentil petit théâtre, construit au centre des Champs-Elysées, mais que sa situation même empêche d'avoir un public très fidèle et qui de ce fait saute, pour le mieux attirer, d'un genre à l'autre, allant de la comédie gaie à la comédie dramatique, en passant par la revue.

THÉATRE DES MATHURINS

36, *rue des Mathurins* (tél. : Louvre 49-66). — Métro : *Caumartin*. — Nord-Sud : *Madeleine*. — 700 places.

Charmante petite salle où l'on joue des pièces très parisiennes. Public très élégant.

THÉATRE MICHEL

38, *rue des Mathurins* (tél. : Gutenberg 63-30). — Métro : *Madeleine, Caumartin*. — Nord-Sud : *Madeleine*. — 350 places.

C'est un petit théâtre ultra parisien et l'un des plus élégants. On y joue des comédies gaies, très légères, mais toujours fines et spirituelles.

THÉATRE DE LA MICHODIÈRE

4, *rue de la Michodière*. Richelieu 95-32. — Métro : *Quatre-Septembre, Opéra* ou *Pyramides*.

Petite salle. Pièces gaies, toujours très parisiennes.

Ce théâtre existe depuis deux ans. On y a donné des opérettes, mais actuellement on n'y joue plus que des comédies.

THÉATRE MOGADOR

25, *rue de Mogador*. Gutenberg 52-03. — Métro : *Caumartin*.

Ce théâtre a remplacé le théâtre Cora Laparcerie. Il commença par le grand succès de *No, No Nanette*. On joue uniquement des opérettes.

THÉATRE MONCEY

4, *rue Pierre-Ginier*. Marcadet 16-32.

C'est un théâtre de quartier dans lequel on donne les pièces à succès de tous genres jouées dans les grands théâtres de Paris. Il a sa troupe à lui, mais on y voit aussi des acteurs célèbres d'autres théâtres.

LE MOULIN BLEU

42, *rue de Douai* (tél. : Gutenberg 42-90.

On joue dans ce petit théâtre des opérettes extrêmement légères, souvent même très grivoises.

LE NOUVEL-AMBIGU

2 ter, *boul. Saint-Martin* (tél. : Nord 36-31). — Métro :
République ou *Saint-Denis*. — 1.500 places.

Fondé en 1769, ce théâtre est très ancien, il fut fondé par
un acteur de la *Comédie-Italienne* nommé Audinot. L'*Ambigu* est actuellement un théâtre de mélodrame et qui, par
son nom même, doit passer du rire aux larmes.

THÉATRE DES NOUVEAUTÉS

24, *boul. Poissonnière* (tél. : Bergère 52-76). — Métro :
Sentier.

On donne dans ce théâtre de charmantes comédies
gaies et sentimentales. La salle est coquette et moderne.

THÉATRE DE L'ODÉON

Place de l'Odéon (tél. : Fleurus 04-32). — Métro : *Odéon*.
— 1.264 places.

Connu également sous le nom de *Second Théâtre Français*,
construit et terminé en 1782, sur les plans de Wailly et Peyre,
la salle actuelle est sinon une des plus vastes de Paris, du
moins une des plus majestueuses et l'acoustique en est renommée. Ce théâtre, qui était destiné à la Comédie-Française a
coûté plus de deux millions à Monsieur, frère du roi.

On y joue du classique, mais l'on y monte aussi des pièces
de jeunes. M. Firmin Gémier s'efforce de diriger l'*Odéon*
dans une voie artistique qui permette aux auteurs d'avenir
de se révéler au grand public.

1°) *Les matinées conférences du jeudi*, séries rose et verte,
dites jeudis classiques, comportent douze représentations
commençant en novembre pour finir en avril.

2°) *Les matinées modernes du samedi*, séries blanche et
orange, dites samedis modernes.

3°) *Les soirées classiques du lundi*, série bleue, dites lundis
de répertoire, comportant douze représentations chacune,
qui commencent en novembre pour finir en avril.

4°) *Les soirées modernes du mardi*, série violette, dites mardis
modernes qui ont lieu tous les 15 jours, comportent douze représentations qui commencent en novembre pour finir en avril.

OPÉRA

Place de l'Opéra (tél. : Louvre 07-05). — Métro : *Opéra.* — 2.200 places.

Les dames sont admises à l'orchestre et à l'amphithéâtre (ou corbeille) qui le domine et lui fait suite. L'amphithéâtre de l'Opéra est l'endroit élégant le plus recherché.

Tous les chefs-d'œuvre de maîtres de la musique contemporaine et moderne français et étrangers y sont représentés. Les ballets les plus célèbres et les danseuses les plus réputées ajoutent à la splendeur incomparable de ce théâtre. L'orchestre y est merveilleux. L'Opéra joue plusieurs fois par semaine (consulter les affiches).

Jours d'abonnement : lundi, mercredi et vendredi.

Jour chic : le vendredi.

La tenue de soirée est de rigueur à l'orchestre, à l'amphithéâtre et dans les premières loges.

Les grands succès de l'Opéra sont :

Faust (Gounod), *Le Roi de Lahore* (Massenet), *Aïda et Rigoletto* (Verdi).

Parmi les *vedettes du chant*, citons : Mmes Alexandrowicz, Beaujon, Berthon, Campredon, Yvonne Gall, Fanny Heldy, Ritter-Ciampi, Visconti, Bourdon, Marthe Chenal, Cros, Marcelle Demougeot, Gozategui, Lapeyrette.

MM. Ansseau, Audoin, Dutreix, Franz, Aquistapace, Couzinou, Duclos, Rouard, Teissié, Vanni-Marcoux, Delmas, Gresse, Huberty, Journet.

Artistes de la danse : Mlle Zambelli, étoile; Mlles Johnsson, Schwarz, C. Bos, Daunt, premières danseuses étoiles.

Grands sujets : Mlles Valsi, de Craponne, H. Dauwe, Rousseau, Damazio, Roselly, Lorcia, G. Debry, Tervoort, Cébron, S. Daube, Léonce, Simoni, Morenté, Brana.

Petits sujets : Mlles Lamballe, Lerville, Rolla, Marionno, Brévier, Constant, Morardet, G. Aveline, Emonnet, Tersen, Mauller, Maupoix, Gency, S. Kubler, J. Bourgat, Thuillant, A. Bourgat.

Premiers danseurs : MM. A. Aveline, G. Ricaux.

Maître de ballet : M. Léo Staats.

Chefs d'orchestre : MM. Busser, Gaubert, Grovlez, Ruhlmann.

L'Opéra, Académie nationale de musique, est ce vaste et somptueux monument qui attire l'œil, dès l'entrée de l'avenue de l'Opéra, et que l'on aperçoit de tous les points un peu élevés de la capitale, de Montmartre et de Belleville.

Construit sur les plans de Charles Garnier, qui s'inspira beaucoup, pour la décoration intérieure, du palais des doges de Venise. A coûté 34.400.000 francs, somme considérable pour l'époque ; a été inauguré le 5 janvier 1875.

L'escalier d'honneur. — Après avoir franchi le premier vestibule, où se trouvent les statues de Lulli, Glück et Rameau, on se trouve en face de *l'escalier d'honneur,* merveille de richesse, dont les marches sont en marbre blanc, les balustres en onyx étincelant. Il donne accès au *foyer du public* et à la *salle.*

Les loges appartiennent presque toutes aux abonnés, et certaines même depuis très longtemps. Les plus recherchées sont les loges d'entre-colonnes.

Le foyer de la danse. — Heureux ceux qui peuvent y pénétrer ! C'est là que la danseuse répète les *jetés,* les *pirouettes,* les *entrechats,* les *gargouillades,* les *fouettés,* les *assemblés* et les *pointes* qu'elle exécutera tout à l'heure sur la scène ; là aussi, elle reçoit les sourires et les cadeaux des vieux habitués.

Au foyer de la danse, on voit réunies toutes les catégories de danseuses, du *rat* à l'*étoile.* Les *rats* sont les jeunes élèves qui suivent les cours élémentaires de danse, en sont encore à l'apprentissage du métier et figurent sur la scène dans le deuxième quadrille de la deuxième division du ballet ; du deuxième quadrille, les danseuses passent dans le premier quadrille, puis deviennent *coryphées.*

OPÉRA-COMIQUE

Place Boïeldieu (tél. : Gutenberg 05-76). — Métro : *4-Septembre.* — 1.500 places.

Le théâtre de l'*Opéra-Comique* a des origines très anciennes. Le premier privilège en fut accordé en 1617 à Honoré, maître-chandelier de Paris, qui pendant plusieurs années avait été chargé de l'éclairage des théâtres. En 1783, la salle Favart est bâtie. La salle actuelle fut reconstruite sur l'emplacement de l'ancienne après l'incendie du 15 mai 1887. Elle est l'œuvre de l'architecte Bernier. Elle fut inaugurée le 7 décembre 1898.

Sur la scène de l'*Opéra-Comique* ont été créés ou joués, au cours de ces dernières années, les ouvrages les plus caractéristiques de l'Ecole musicale française, tels que : *Carmen* (Bizet), *Louise* (Charpentier), *Grisélidis* (Massenet), *Pelléas et Mélisande* (Debussy), *La Reine Fiammette* (Xavier Leroux), *Aphrodite, Madame Butterfly* (Puccini), *Fortunio* (Messager), *Manon* (Massenet), *La Tosca* (Puccini), *Le Mariage de Figaro, Urilères* (Massenet), *Les Contes d'Hoffmann, Le Barbier de Séville, La Vie de Bohème, Ariane et Barbe-Bleue, Le Chemineau, Le Roi d'Ys, Lakmé, Le Jongleur de Notre-Dame*, etc.

Parmi les artistes célèbres de l'Opéra-Comique, citons : Mmes Marguerite Carré, Balguerie, Ritter-Ciampi, Germaine Lubin, Yvonne Brothier, Brohly, Lise Charny, Marchal, Vallandri, Demellier, Visconti, Roussel, etc.

MM. Lucien Muratore, Fugère, Charles Friant, Vieuille, Allard, Albers, Devriès, Bussy, Marcelin, Lafont, Baugé, etc.

THÉATRE DU PALAIS-ROYAL

38, *rue Montpensier* (tél. : Gutenberg 02-50). — Métro : *Palais-Royal.* — 850 places.

Ce fut tout d'abord un théâtre de marionnettes, mais en 1789, Mlle Montpansier en eut la direction et il s'appela succesivement *les Beauplais, Théâtre de la Montagne, les Variétés*.

Le Palais-Royal a un renom de grand comique qu'il s'efforce de maintenir de son mieux. Il y parvient souvent comme le prouve le succès éclatant du *Chasseur de chez Maxim's* joué pendant plusieurs années devant un public ravi.

PORTE-SAINT-MARTIN

18, *boul. Saint-Martin* (tél. : Nord 37-53). — Métro : *République, Saint-Denis.* — 1.700 places.

La *Porte-Saint-Martin* monte chaque année quelques pièces nouvelles. Mais son spectacle courant est très souvent composé de reprises d'anciens succès tels que *Cyrano de Bergerac* ou *Montmartre*.

LA POTINIÈRE

7, rue Louis-le-Grand (tél. : Central 86-21). — Métro :
4-Septembre, Opéra.

Véritable bonbonnière, clientèle des plus élégantes. Les
comédies parisiennes y alternent avec des opérettes modernes
ou de charmantes revues pleines d'humour.

THEATRE DE PARIS

15, rue Blanche (tél. : Nord 20-44). — Métro : *Blanche,
Opéra.* — Nord-Sud : *Liége, Trinité.* — 1.100 places.

C'est l'ancien *Nouveau Théâtre* qui servit aux représentations données par la *Maison de l'Œuvre* à partir de 1897 et
aux auditions patronnées par la Société des Grandes Auditions musicales.

En 1906, il s'intitula *Théâtre Réjane*, du nom de la grande
artiste qui en devenait à la fois la directrice et l'actrice la
plus éminente. Réjane vendit son théâtre en 1918 à M. Léon
Volterra qui, ne pouvant rétablir au fronton le nom de l'illustre tragédienne, l'appela simplement *Théâtre de Paris.*

On joue là des comédies dramatiques des meilleurs auteurs
modernes.

RENAISSANCE

20, boul. Saint-Martin (tél. : Nord 37-03). — Métro :
République, Saint-Denis. — 1.200 places.

Si les succès font la renommée d'un théâtre, la *Renaissance*, peut être fière de son passé, car les pièces réellement " *parisiennes* " illustres, qui marquent quelques-
unes des dates de notre histoire dramatique, ont été créées
chez elle.

On y joue particulièrement des comédies dramatiques
modernes ou des reprises de pièces célèbres.

LA SCALA

13, boul. de Strasbourg (tél. : Nord 35-86). — Métro :
Saint-Denis. — 1.200 places.

La *Scala* est un théâtre où l'on donne des vaudevilles

souvent extrêmement comiques dont quelques-uns sont en sorte classiques, tels les vaudevilles célèbres de Georges Feydeau, etc.

THÉATRE SARAH-BERNHARDT

Place du Châtelet (tél. : Archives 0-70). — Métro : *Châtelet*. — 1.700 places.

En 1899, ce théâtre fut loué à Mme Sarah Bernhardt qui après l'avoir entièrement transformé y joua les pièces de son répertoire personnel et des œuvres nouvelles de tous les genres.

Vers la fin de sa vie elle en confia la direction effective à son fils Maurice Bernhardt qui en continua la gestion après la mort de la grande tragédienne.

A part quelques pièces nouvelles montées dans le courant de la saison, le théâtre *Sarah-Bernhardt* joue plutôt un répertoire formé des gros succès remportés dans son passé.

TRIANON-LYRIQUE

80, *boul. Rochechouart* (tél. : Nord 33-62). — Métro : *Anvers*. — Nord-Sud : *Pigalle*. — 1.000 places.

Après avoir donné des comédies, le *Trianon-Lyrique* changeant de programme est devenu une véritable école de la musique dramatique, une sorte de musée du répertoire des opéras-comiques et des opérettes. Le *Trianon-Lyrique* est subventionné par la Ville.

THÉATRE DES VARIÉTÉS

7, *boul. Montmartre* (tél. : Gutenberg 09-92). — Métro : *Bourse*. — 1.100 places.

Voilà plus de cent ans que le théâtre des *Variétés* fut construit.

Ses pièces, comédies ou opérettes, remportent toujours un gros succès. Elles sont d'ailleurs toutes l'œuvre d'auteurs de grand talent parmi lesquels il faut tout spécialement citer MM. Robert de Flers et Francis de Croisset, les auteurs chéris du public parisien. La troupe est de tout premier ordre.

THÉATRE DE VERDURE DU PRÉ-CATELAN

Bois de Boulogne.

On y donne des représentations, chaque année, pendant les mois de juillet, août, septembre. Mais on ne joue pas tous les jours. Les dates des représentations sont indiquées par les journaux.

⊗ ⊗ ⊗ Théâtres irréguliers ⊗ ⊗ ⊗

On nomme ainsi les Théâtres qui jouent irrégulièrement ou qui, n'ayant pas de salles leur appartenant, empruntent la salle d'un autre Théâtre momentanément. Il faudra donc toujours consulter les journaux.

Théâtre Raymond-Duncan (Au Théâtre Fémina).

La Petite Scène, Salle Œdenkoven, 15, *avenue Hoche*
Les pièces, du vieux répertoire français, sont jouées par des gens du monde.

La Scène libre, 4, *square Rapp.*

La Phalange artistique, 4, *square Rapp.*

THÉATRE DU PETIT MONDE

A Fémina, 90, *avenue des Champs-Elysées.*

Les pièces sont en général tirées des romans de la comtesse de Ségur.

Le public dans ces théâtres est très pittoresque et même au point de vue étude de mœurs, une visite à ces théâtres est intéressants. Si vous avez du temps disponible, vous ne regretterez pas une soirée passée dans un théâtre populaire.

On y joue alternativement des opérettes, revues, drames et pièces réalistes, en changeant de spectacle chaque semaine.

Théâtre de Grenelle, 55, *rue Croix-Nivert* (15e) (tél. : Fleurus 15-73).

Théâtre de Belleville, 46, *rue de Belleville* (20e).

Théâtre des Gobelins, 73, *avenue des Gobelins* (13e) (tél. : Fleurus 16-73).

Théâtre Montparnasse, 31, *rue de la Gaîté* (14e) (tél. : Fleurus 15-73).

Théâtre de Montrouge, 70, *avenue d'Orléans* (14e).

Les Bouffes-du-Nord, 209, *faubourg |Saint-Denis* (10e) (tél. : Trudaine 24-27). — Métro : *La Chapelle.*

L'ALHAMBRA

50, *rue de Malte* (tél. : Roq. 24-25).

Installé sur le modèle du célèbre Alhambra de Londres et présentant à son imitation, dans ses programmes qui varient chaque quinzaine, danseurs, acrobates, chanteurs, équilibristes, jongleurs, illusionnistes et comiques.

LES AMBASSADEURS

Aux Champs-Elysées, côté droit (En été seulement) (tél. : Elysées 43-73).

Tout-Paris court l'été au *Concert des Ambassadeurs*.

Quand la nuit arrive, la fraîcheur y est délicieuse sous les grands arbres, illuminés *à giorno*.

Toutes les chanteuses-étoiles défilent au *Concert des Ambassadeurs* ; tous les chanteurs en renom s'y font entendre.

C'est, en été, un coin charmant, un coin du Paris joyeux et bien vivant. Amusantes revues.

On dîne aussi aux *Ambassadeurs* tout en assistant au spectacle. (Voir *Restaurants*, p. 59.)

BA-TA-CLAN

50, *boulevard Voltaire* (tél. : Roquette 30-12).

Le plus joyeux café-concert du quartier du Temple. On y joue d'excellentes revues, où les femmes sont jolies et les textes spirituels.

LE CASINO DE PARIS

16, *rue de Clichy* (tél. : Central 86-25).

En 1922, le *Casino de Paris* fut en partie détruit par un incendie. Très rapidement reconstruit, le *Casino* est resté un des music-halls les plus renommés de Paris.

Le *Casino de Paris* offre toutes les attractions les plus diverses : jolies femmes sur la scène et dans la salle, ballets somptueux avec bataillons de danseuses délicieusement habillées et surtout déshabillées. Numéros extraordinaires.

Le Casino a aussi un promenoir très animé, où circulent de jolies femmes en général très décolletées.

CONCERT MAYOL

10, *rue de l'Echiquier* (tél. : Gutenberg 68-07). — Métro : *Saint-Denis.* — 900 places.

Ancien *Concert Parisien* devenu *Concert Mayol* du nom de son propriétaire actuel. Opérettes, vaudevilles ou surtout des revues fastueuses et extra-légères s'y succèdent. On voit sur la scène de très jolies femmes presque ou même dévêtues.

L'OLYMPIA

28, *boul. des Capucines* (tél. : Central 44-68). — Métro : *Opéra.* — Nord-Sud : *Madeleine.* — 2.000 places.

L'Olympia, dont le spectacle comprend partie de chant, acrobaties, équilibristes, attractions diverses, danses, animaux savants, etc., change toutes les semaines, le vendredi, de programme. Il présente souvent au public de nouveaux artistes qu'il lance et qui deviennent vite des étoiles de music-hall. Presque toutes les vedettes du tour de chant y passent, les unes après les autres.

Dans le promenoir on rencontre beaucoup de demi et quart de mondaines d'un abord plutôt facile.

L'ELDORADO

3, *boul. de Strasbourg, en face de la Scala* (tél. : 448-17).

Chansons et opérettes. Les « Revues » de l'*Edlorado* sont très goûtées du public et attirent la foule.

A 4 heures, apéritif-concert.

LES FOLIES-BERGÈRE

32, *rue Richer* (tél. : Gutenberg 02-59).

Dans la première salle et promenoir des *Folies-Bergère* est installé un orchestre, des petites tables sont disséminées sur un tapis moelleux, un autre promenoir circulaire se trouve tout autour de la salle de spectacle.

On se divertit, on s'amuse aux *Folies-Bergère* autant par les scènes qui se jouent dans les promenoirs que par le spectacle qui se déroule sur les planches. Revues splendides, particulièrement déshabillées, ballets féeriques, attractions variées.

Ces revues somptueusement montées sont avant tout un prétexte pour exhiber de jolies femmes dans le déshabillé le plus suggestif et le plus complet, mais réellement artistique.

Les entr'actes eux-mêmes sont comme une succession de tableaux vivants, une sorte de cinématographe où défilent toute la vie galante et la vie nocturne de Paris.

L'EMPIRE

33, *avenue de Wagram* (Tél. : Wagram 60-58).

Récemment installé dans la partie la plus animée de l'avenue Wagram, l'*Empire* est un des plus luxueux et des plus beaux music-halls de Paris. Les plus illustres vedettes du monde entier y défilent tour à tour, rehaussant de leur présence un programme d'attractions toujours varié et attrayant.

LE PALACE

8, *faubourg Montmartre* (tél. : Berg. 44-37).

A la porte même des Grands Boulevards, le *Palace* attire les amateurs de revues somptueuses conduites avec entrain par les vedettes les plus aimées du public.

La salle est originalement décorée et digne d'une scène où les plus riches tableaux se succèdent toute la soirée, mettant souvent en évidence la plastique des plus jolies figurantes de Paris. (Voir le Canari, p. 114).

LA CIGALE

120, *boul. Rochechouart* (tél. : Nord 07-60).
Voir page 99, « La Tournée de Montmatre ».

LA GAITÉ-ROCHECHOUART

15, *boul. Rochechouart* (tél. : Trudaine 96-23). — Métro : *Anvers.* — 1.350 places.

On donne à la *Gaîté-Rochechouart* des revues légères, mais spirituelles, agrémentées de petites femmes charmantes et suffisamment dévêtues.

LE MOULIN ROUGE

82, *boul. de Clichy.*

MUSIC-HALL DES CHAMPS-ÉLYSÉES

15, *avenue Montaigne.*

Alcazar d'Été, *avenue des Champs-Elysées* (8e).

Alexandre-Passy-Palace, 12, *rue Chernoviz* (16e).

Artistic-Cinéma-Pathé, 61, *rue de Douai* (9e).

Aubert-Palace, 25, *boul. des Italiens* (9e).

Cameo, 32, *boul. des Italiens.* Central 73-93.

Carillon, 30, *boul. Bonne-Nouvelle.* Prov. 59-86.

Ciné-Opéra, 8, *boul. des Capucines* (9e).

Cinéma des Arts (*Palais de la Mutualité*), 325, *rue Saint-Martin* (3e).

Ce cinéma offre l'originalité de posséder deux salles : l'une au rez-de-chaussée, l'autre au premier. Le public en est surtout très populaire.

Cinéma Demours, 7, *rue Demours* (17e).

Cinéma des Boulevards, 27, *boul. des Italiens* (2e).

Cinéma du Colisée, 38, *avenue des Champs-Elysées* (8e) (tél. : Elysées 29-46). Fréquenté par un public extrêmement chic (Soirée de gala le vendredi).

Cinéma Grand-Royal, 83, *avenue de la Grande-Armée* (16e).

Cinéma Max-Linder, 24, *boulevard Poissonnière* (9e).

Cinéma-Palace, 42, *boul. Bonne-Nouvelle* (2e) (tél. : Bergère 40-57).

Cinéma Pathé, 5, *boul. Montmartre* (2e).

Cinéma du Petit Journal, 31, *rue Cadet* (9e).

Cinéma Récamier, 3, *rue Récamier* (7e) (tél. : Ségur 02-32).

Corso-Opéra, 27, *boul. des Italiens.* Gut. 07-66.

Electric-Palace, 5, *boul. des Italiens* (9e) (tél. : Gutenberg 63-98). — Non loin du carrefour Drouot.

Gaumont-Palace, 126, *boul. de Clichy* (18e) (tél. : Marcadet 16-73). — La plus grande salle de tout Paris et l'une des plus belles (5.000 places). On y donne non seulement des films, mais aussi certaines manifestations artistiques, des danses, des pantomimes.

Gaumont-Théâtre, 7, *boul. Poissonnière* (9e) (tél. : Gutenberg 33-16). — 400 places.

Grand Cinéma, 147, *avenue Bosquet* (7e).

Grand-Royal-Cinéma, 83, *avenue de la Grande-Armée* (16e).

Grenelle-Aubert-Palace, 141, *avenue Emile-Zola* (15e) (tél. : Saxe 01-70). — 1.700 places.

Impérial, 29, *boul. des Italiens*. Central 58-07.

Louxor-Cinéma, 170, *boul. Magenta* (10e).

Lutetia-Wagram, 33, *avenue Wagram* (17e) (tél. : Wagram 65-54).

Madeleine-Cinéma, 14, *boul. de la Madeleine* (9e) (tél. : Louvre 36-78).

Marivaux, 15, *boul. des Italiens* (2e) (tél. : Louvre 06-99). — 1.400 places.

Max-Linder, 24, *boul. Poissonnière*. Provence 40-04.

Omnia-Cinéma, 5, *boul. Montmartre* (9e). — 600 places.

Palais des Fêtes, 8, *rue aux Ours* et 199, *rue Saint-Martin* (3e) (tél. : Archives 37-99).

Parisiana, 27, *boul. Poissonnière* (9e) (tél. : Gutenberg 56-70). — 2.000 places.

Pathé-Palace, 32, *boul. des Italiens* (9e). — 500 places.

Régina-Aubert, 155, *rue de Rennes*. Fleurus 26-36.

Royal-Wagram-Cinéma, 35, *avenue Wagram* (17e).

Select-Cinéma, 27, *boul. des Italiens* (2e).

Studio des Ursulines, 52, *rue Gay-Lussac*. Danton 81-69. (On y représente des films modernes, à caractère).

Tivoli-Cinéma, 19, *faubourg du Temple* et 12, *rue de la Douane* (10e) (tél. : Nord 26-44).

La Location théâtrale : 3, place du Théâtre-Français (Legrand) (tél. : Gutenb. 73-78.

— Louvre 62-52.

et — 63-33).

Agence : 1, rue Montpensier (tél. : Gutenberg 67-69).

— 14, rue d'Antin (tél. : Central 59-40).

— 2, place Vendôme (tél. : Central. 41-97

et Gutenb. 07-50).

— 38, avenue de l'Opéra (tél. : Central 35-59

et Gutenb. 61-34).

— 9, rue du Hâvre (tél. : Louvre 69-17).

— 26, avenue de l'Opéra (tél. : Gutenb. 22-36.

Central 81-05.

et — 91-22).

— 29, rue Richer (tél. : Bergère 01-77

et — 00-39).

— 36, avenue de l'Opéra (tél. : Central 17-51.

Gutenb. 28-50.

et — 16-93).

Les grands hôtels sont également des agences de même nature. Les « chasseurs » des restaurants sont aussi en relation avec les agences théâtrales et très au courant.

Abstenez-vous autant que possible d'acheter au dernier moment vos billets aux racoleurs qui harcèlent aux abords des théâtres et vendent à des prix exhorbitants des « laissés pour compte ». Ce racolage est d'ailleurs interdit par la police.

A proximité des théâtres, il y a des *autobus* ou des stations de *Métropolitain*.

Services spéciaux à minuit 30 pour toutes les directions, sur la place de l'Opéra.

✪ ✪ ✪ ✪ ✪ ✪ Les Cirques ✪ ✪ ✪ ✪ ✪ ✪

CIRQUE D'HIVER

Place Pasdeloup (2ᵉ) et 6, *rue Crussol* (2ᵉ) (tél. : Roquette 12-25).

Exercices équestres. Clowns et pantomimes. Public bourgeois.

CIRQUE DE PARIS

18 *et* 20, *avenue de la Motte-Picquet* (7ᵉ) (tél. : Ségur 31-90). — 5.000 places.

Les très nombreux chevaux, les animaux dressés, les clowns amusants et les acrobates souvent renouvelés donnent à cet établissement l'aspect du vrai cirque.

MÉDRANO (Boum-Boum)

63, *boul. Rochechouart* (9ᵉ) (tél. : Trudaine 23-78).

Le cirque Médrano est célèbre pour ses clowns, les fameux Fratellini, etc. Programme soigné très varié.

Soupeurs et Soupeuses

APRÈS LES SPECTACLES

A la vie dans les théâtres, les cafés-concerts, les music-halls et les bals, succède, de minuit à 4 heures du matin, la vie dans les grands restaurants de nuit et les cabarets où l'on soupe. Partout il y a de la musique et presque partout on danse. La tenue de soirée n'est, en général, pas obligatoire, mais il est préférable pour les Messieurs d'être vêtus du smoking.

On Soupera :

Dans les Restaurants et les Dancings.

Au Claridge (v. p. 59) ; *Carlton* (v. p. 68) ; *au Mac-Mahon* (v. p. 70) ; *Taverne Royale* (v. p. 54) ; *au Café de Paris* (v. p. 55) ; *chez Ciro's* (v. p. 56) ; *chez Philippe* (v. p. 56) ; *Maxim's* (v. p. 54) ; *Ermitage* (v. p. 59) ; *Fouquet's* (v. p. 60) ; *les Champs-Élysées* (v. p. 70); *au Grand Vatel* (v. p. 55) ; *au Bœuf sur le Toit* (v. p. 55); *chez Adrienne's* (v. p 71) ; *chez Langer* (v. p. 59).

Dans les Restaurants du Bois de Boulogne (en été).

Au Pré Catelan (v. p. 66) ; *au Château de Madrid* (v. p. 67) *à Armenonville* (v. p. 67) ; *à l'Ermitage* (v. p. 67).

A Montmartre dans tous les Établissements et Bars.
(Voir tournée de Montmartre (p. 99 à p. 112)

Aux Halles, dans tous les Établissements qui sont ouvert la nuits.
(Voir tournée des Halles (p. 121 à p. 127)

On peut aussi, suivant ses moyens, souper dans toutes les grandes brasseries-restaurants que nous avons cités: *Gruber*

(v. p. 53) ; *Brasserie de Madrid* (v. p. 53) ; *Taverne Namur* (v. p. 53) ; *Taverne du Panthéon* (v. p. 62) ; *Taverne Pascal* (2, rue de l'École-de-Médecine).

LE PERROQUET
16, rue de Clichy.

Le *Perroquet* se trouve au-dessus de l'immense salle du *Casino de Paris*. A partir de minuit, cet endroit décoré avec un goût exquis est le rendez-vous très chic de la gaieté parisienne.

Les danses les plus modernes y sont entrecoupées d'exhibitions et d'auditions par les meilleures vedettes de music-halls ou de cabaret. Bataille de boules.

Le champagne coule à flots jusqu'à l'aube, et la société y est particulièrement élégante. Tenue de soirée de rigueur.

TAVERNE DE L'OLYMPIA
26, boul. des Capucines.

C'est toute une petite cité toujours en rumeur que la taverne qui occupe le sous-sol du grand music-hall du boulevard des Capucines.

On y boit, on y dîne, on y soupe, on y danse.

Une salle est réservée aux danseurs et une grande animation règne une partie de la nuit. Public mélangé.

Surtout l'après-midi le public y est particulièrement mêlé, des midinettes peu farouches y coudoyent les « habituées ». Le coup d'oeil y est particulièrement pittoresque.

Prix plutôt modérés. Deux entrées, l'une dans le hall même de l'*Olympia*, l'autre sur la rue Caumartin.

Cabaret artistique « la Mascotte », à partir de 9 heures.

La Tournée de Montmartre

Cette tournée peut se faire en deux à quatre soirées ou plus, selon le temps qu'on reste dans chaque établissement.

A Montmartre, au centre des attractions qui ont fait de la Butte un autre petit Paris — un Paris familier, artiste, voire bohème, un Paris sans gêne et très « je-m'en-fichiste », il y a des restaurants, des dancings, des tavernes, des cabarets et des concerts curieux, où l'étranger ira — une fois ou plusieurs fois — pour connaître la vie intime de Montmartre, pour s'amuser à toutes sortes de scènes de mœurs dites montmartroises.

Qui n'a pas passé au moins une soirée à Montmartre ne connaît pas le Paris qui s'amuse.

En réalité, il y a deux Montmartre ; celui des établissements de nuit et lieux de plaisir avoisinant la place Pigalle et la place Blanche, et la Butte, dernier vestige de l'ancien village de Montmartre.

La Butte ou République de Montmartre, a son drapeau, son journal, une Reine, un maire pour la Commune libre, une devise, enfin une troupe alerte et toujours prête de gaillards et de jolies femmes qui aiment rire, bien manger, bien boire et s'amuser follement sans nuire à qui que ce soit.

On se trouve à Montmartre, dans certains cabarets, mêlé à des types uniques dans leur genre, depuis le « rapin », c'est-à-dire l'apprenti peintre, jusqu'au modèle, souvent future grande demi-mondaine, on y rencontre aussi des petites comédiennes et des cocottes qui font les charmes du *Moulin-Rouge* et du *Moulin de la Galette*.

La plupart de ces établissements ont des restaurants de nuit, des dancings et des bars.

L'étranger qui voudra « se payer » Montmartre et voir les attractions si originales de la *Butte* n'aura qu'à suivre nos conseils.

Si sa femme n'est ni très décidée ni très indulgente, il fera bien de ne pas l'emmener.

La vraie vie des cabarets à Montmartre ne commence guère que vers 11 heures, mais surtout après les théâtres vers minuit.

LE MOULIN ROUGE

Place Blanche.

Il est ouvert de nouveau, ses ailes rouges tournent ; il semble avoir retrouvé beaucoup de sa vogue d'autrefois. L'entrée est gratuite sauf le samedi et le dimanche, mais la consommation est obligatoire.

Outre le bal très fréquenté, les attractions sont nombreuses, le jazz-band alterne avec l'orchestre, les tangos chantés, les éclairages multicolores, rien ne manque avec des numéros de danses acrobatiques et fantaisistes.

La principale attraction est une sorte de pantomime-ballet changée toutes les semaines et dont le but principal est de faire apparaître sur la piste de jolies femmes aussi peu vêtues que possible.

Le *Moulin Rouge* a son cabaret de nuit où l'on danse aussi beaucoup.

Le public du moulin est mélangé, mais amusant et gai et on y voit comme toujours toutes les petites femmes de Montmartre.

LE MOULIN DE LA GALETTE

79, rue Lepic.

Tout en haut de la rue Lepic, au sommet de la Butte, perché comme un vrai moulin, un *moulin de plaisir* dont les ailes ne tournent plus depuis longtemps, mais par-dessus lesquelles bien des petites femmes ont déjà jeté leur bonnet — un moulin où l'on danse, et qui a sa place dans l'histoire du « chahut » et du « grand écart », car c'est là qu'ont débuté successivement les célèbres danseuses de Montmartre, la Goulue, Grille d'Égout et la Môme Fromage.

Après avoir gravi un escalier rustique flanqué de rocaille, on arrive sur le terre-plein, dans une vaste salle oblongue, lumineuse, avec une galerie défendue par une balustrade, où les consommateurs sont à l'abri des remous de la danse. Au fond, l'orchestre.

En été, dans le décor champêtre du grand jardin d'où l'on découvre tout l'horizon parisien, a lieu une *joyeuse kermesse*, le dimanche après-midi, où l'on trouve un public joyeux, mais simple et tranquille, où l'on voit même de petites ouvrières encore sages au bras de leur maman.

Mais le jeudi ou samedi c'est un public tout différent, beaucoup plus tapageur : c'est le monde des « rapins » et des « bohèmes » de la Butte et d'ailleurs ; ce sont des petites femmes plus hardies, déjà presque lancées, qui ayant pris goût à la très providentielle « galette » du Moulin, viennent demander parfois à la noce ce qu'elles sont lasses de se procurer par le travail.

LES « QUAT'Z'ARTS »

62, *boul. de Clichy.*

Les « Quat'z'Arts » sont un des centres actifs de l'esprit montmartrois.

C'est aux « Quat'z'Arts » que sont nés les chansons et les monologues à gros succès, comme la *Ballade des agents*, la *Paimpolaise*, etc.

C'est au cabaret des « Quat'z'Arts » que naissent souvent les idées les plus drôlatiques et que l'on rencontre les types les plus excentriques. On y passe une bonne soirée.

LE CABARET DU CIEL

53, *boul. de Clichy.*

La porte s'ouvre, toute lumineuse, toute blanche décorée d'un ange colossal en plâtre.

Un Suisse vous introduit sous les voûtes d'une cathédrale gothique où résonnent tantôt des accords de piano, tantôt des sons d'orgues.

Des séraphins en perruque blonde et frisée, couronnés de roses, des ailes légères accrochées au dos, les jambes dans des maillots roses et les pieds dans des espadrilles, vous invitent à vous asseoir au « banquet céleste », longue table où l'on vous sert la « coupe sacrée, » le « *calice divin,* » le « nectar », l' « ambroisie des dieux » sous forme de bock, de sirops ou de cerises à l'eau-de-vie.

Le *Père Onésime,* en justaucorps de velours, le goupillon à la main, remplit les fonctions de bedeau.

C'est lui qui sonne la cloche de bois (Joséphine), qui interrompt d'irrévérencieuses facéties le prêche du père prieur ; qui promène l'idole du Veau d'Or (le dieu Porcus), et qui exhorte les fidèles à se prosterner aux pieds du Cochon dressé comme sur un autel, au fond de l'église.

Après diverses cérémonies burlesques, les « fidèles » qui « ont purifié leur âme » sont admis à assister aux *visions célestes* : houris, bayadères, almées, et enfin à monter au Ciel.

Le Ciel est au *premier étage*.

Saint Pierre, représenté par un robuste gaillard armé d'une longue clef, ouvre la marche des élus, et un sergent de ville, un ange... gardien de la paix (agent de police) ferme la procession.

On pénètre dans une vaste grotte à la voûte dorée de laquelle pendent mille stalactites d'or.

Des anges vous apparaissent suspendus dans l'espace. Des transformations inattendues et charmantes se produisent sous vos yeux. On se croirait vraiment transporté loin de cette triste terre, dans des régions éthérées et sereines, où toutes les femmes sont des anges ! (Le spectacle dure environ 30 à 45 minutes.)

LE CABARET DE L'ENFER

53, *boul. de Clichy.*

A côté du Ciel éclairé de ses électriques étoiles, à côté du Ciel à la façade blanche et bleue, l'Enfer, tout noir et tout rouge, dont la porte est figurée par la gueule d'un diable qui vous avale d'un trait.

Ses yeux verts, ses dents énormes sont terrifiants : « Entrez, *chers damnés* !» vous dit le portier de l'Enfer, tout vêtu de rouge. Et des diables vous accueillent sur le seuil : « Avancez, belles impures ; asseyez-vous, charmantes pécheresses, vous serez flambées d'un côté comme de l'autre. »

Les tables sont éclairées de feux rouges ou verts ; et tout autour de vous, devant, derrière, au-dessus de votre tête, des damnés dansent une ronde infernale.

A droite dans une grande marmite, deux damnés mijotent « depuis trois mille ans », et pour oublier leurs souffrances, ils jouent des airs de guitare et de mandoline.

En échange du prix du bock vous recevrez ce ticket :

BON POUR PASSER
à la Chaudière

Les « chers damnés » passent dans « l'antre de Satan ». La salle est plongée dans d'épaisses ténèbres. Sur la petite scène éclairée : tableaux vivants, transformations et visions d'autant plus charmantes qu'elles sont plus infernales. Un spectateur est invité à monter sur l'estrade. Il s'assied et le public le voit — sans qu'il se doute de quoi que ce soit — déshabiller une femme, etc., etc. C'est là la besogne des damnés. (Durée du spectacle environ 3/4 d'heure.)

LE CABARET DU « NÉANT »
34, boul. de Clichy.

Encore une des attractions originales de Montmartre ! Une attraction macabre, d'un lugubre à faire frémir, et qui vous donne la salutaire pensée de la Mort.

On devrait venir de temps en temps ici pour s'habituer à mourir. Le cabaret du Néant serait une œuvre moralisatrice sans les lazzis et les gouailleries du public parisien qui s'amuse énormément au milieu de cercueils et des squelettes.

On est reçu par des croque-morts. Les consommateurs, appelés « *asticots de cercueil* », s'attablent devant des *bières*, sur lesquelles on sert les consommations : « Voici les microbes de la mort, buvez-les avec résignation ! »

Le lustre est fait avec un *crâne* et des *tibias*. Une tête de mort et un hideux squelette pendent au plafond.

On vous distribue de petits cierges, et l'on passe dans la salle de l'incinération ; plus loin une spectatrice ou un spectateur est prié de se laisser mettre en bière : et, graduellement on voit les chairs se décomposer, le squelette apparaître, l'œuvre du néant s'accomplir.

On passe dans une autre salle où se continuent des visions et des transformations un peu moins lugubres. Si la dame qui est priée de bien vouloir monter sur l'estrade se refuse à se déshabiller — on la déshabille quand même par une ingénieuse combinaison de jeux de miroirs.

CHEZ MARIANNE

72, boul. de Clichy.

On y soupe (on y dîne aussi). Salles au rez-de-chaussée et au premier étage. Le décor y est curieux et amusant. La cuisine y est bonne (soupe à l'oignon, croustades, choucroute)

LE CAPITOLE

53, rue Notre-Dame-de-Lorette.

On peut passer un moment agréable au *Capitole.*

AU ZELLI'S

16 bis, rue Fontaine.

Grande salle bien décorée où l'on danse après minuit, où l'on assiste à toutes sortes d'attractions, où l'on soupe et où l'on boit du champagne.

Beaucoup de jolies femmes. Ouvert toute la nuit.

EL GARRON

6, rue Fontaine.

On s'amuse toujours à *El Garron.* Une gaieté franche y règne à partir de minuit.

On y danse surtout sans relâche. Le jazz-band y est excellent. Spécialité de tango.

La salle, tout entourée de glaces, est d'un aspect très riant.

Toutes les femmes élégantes de Montmartre et d'ailleurs s'y donnent rendez-vous.

LE PIGALL'S

77, rue Pigalle.

Restaurant de nuit très fréquenté par la haute noce, par les étrangers chics.

Orchestre endiablé. Les samedis, galas, cotillons très amusants et très bruyants.

Pigall's ouvre ses portes vers 23 heures, c'est vraiment un des endroits les plus gais de Montmartre. Prix des grandes bourses. Bonne cuisine.

MONTMARTRE-SOUPERS

(CHATEAU ET CAVEAU CAUCASIENS)
54, *rue Pigalle.*

Au rez-de-chaussée une jolie petite salle tendue de tapis caucasiens. Malgré l'emplacement restreint, on danse beaucoup au *Château caucasien.* Les jolies femmes y sont souvent légères. Attractions et chants russes. Danses nationales exécutées par des Cosaques, etc.

C'est un des endroits les plus amusants de Montmartre à partir de une heure du matin.

Au 1er étage, bar et restaurant. Plats et hors-d'œuvre russes.

Très joliment décorée, cette salle, comme celle du rez-de-chaussée, est toujours bondée de fêtards ainsi que de mondains, de mondaines et de demi-mondaines cosmopolites très élégantes.

NEW MONICO
66, *rue Pigalle.*

Restaurant de nuit joyeux. On dîne ; mais on soupe surtout à Monico. Musique, danses, chants. Beaucoup de jeunes Montmartroises.

ROYAL SOUPER
62, *rue Pigalle.*

Rendez-vous de gens qui s'amusent. Bar et restaurant de nuit. Orchestre, danses, attractions, cabinets particuliers.

SAVOY
73, *rue Pigalle.*

On dîne au *Savoy* ; mais c'est surtout à l'heure où les théâtres ferment leurs portes, qu'on vient s'entasser joyeusement dans la petite salle au *Savoy,* où, dans le tapage d'un jazz-band endiablé, la plus grande gaieté règne jusqu'à l'aube. On y soupe gaiement en compagnie des plus charmantes Montmartroises.

HAREM
53, *rue Pigalle.*

Décor oriental. On ne fait que souper.

MITCHELL'S
35, *rue Pigalle,*

Quick lunch. On ne danse pas.
Surtout fréquenté par une clientèle américaine.

FRED PAYNE'S BAR
14, *rue Pigalle.*

On ne danse pas. Clientèle américaine.

REGINA
14, *rue Frochot.*

Second ordre. Champagne facultatif.

LA GIRALDA
12, *rue Frochot.*

Second ordre. Champagne facultatif.

CABARET ARTISTIQUE YARR
36, *rue Pigalle.*

Cabaret russe amusant. Champagne facultatif.

LA PERLE
59 *bis, rue Pigalle.*

Amusant. Public d'un genre spécial.

SEVILLA
62, *rue Pigalle.*

Décors espagnols. Champagne facultatif.

LE PALERMO
8, *rue Fontaine.*

Restaurant de nuit très chic. Spécialité de tango. Attractions.

LE COQ A L'ANE
46, *rue Fontaine.*

Maison de second ordre. Bar américain. Champagne facultatif.

LAJUNIE
58, *rue Pigalle.*

Vieille maison française, créée et en vogue depuis des années, bien avant la guerre. Attractions. Franche gaieté.

LE GRAND ÉCART
5, *rue Fromentin.*

Restaurant de nuit en vogue. Très chic. Décor moderne avec des glaces qui font assez grande une salle petite. Bar.

FLORENCE
61, *rue Blanche.*

Public particulièrement chic. La salle est petite. Florence chante elle même. On va assez tard à ce restaurant de nuit.

FLORIDA
16, *rue de Clichy.*

Extrêmement mondain. Très belle salle avec parquet lumineux. Jazz remarquable.

CHEZ JOSÉPHINE BAKER
40, *rue Fontaine.*

Très en vogue et mondain. La grande vedette Joséphine Baker, toujours amusante, met un entrain endiablé dans sa « boîte ».

Attractions et Cabarets
situés dans divers quartiers de Paris

MUSÉE GRÉVIN
10, *Boul. Montmartre.*

Une curiosité de Paris. On y voit tous les personnages illustres. Les maréchaux, les chefs d'État, les souverains, y voisinent avec des boxeurs et des assassins, et le plus récent événement contemporain est à un tournant de la galerie des martyres des chrétiens de l'ancienne Rome. On a facilement, dans le labyrinthe des couleurs, l'impression de s'égarer. A l'entrée, un jeu de glaces très amusant.

PALAIS DE GLACE
Champs-Elysées.

Les amateurs de ce sport réputé d'hiver pourront patiner en toute saison (sauf en été) au *Palais de Glace*. Sur la vaste piste blanche (850 mètres carrés) les couples évoluent sans cesse gracieusement, tandis qu'autour des tables les spectateurs suivent, en dégustant des consommations variées, leurs longues paraboles. C'est à la fois un rendez-vous de sport, de plaisir et de famille où, sans dépenser beaucoup d'argent, l'étranger peut se mêler agréablement au public parisien.

PALAIS POMPÉIEN
58, *rue Saint-Didier.*

Dans un quartier élégant de l'ouest de Paris, *le Palais Pompéien* est surtout fréquenté par la jeunesse qui aime la danse pour elle-même. Toujours une grande animation.

LUNA-PARK
Porte Maillot.

Dans le quartier populaire de la Porte Maillot, l'été, *Luna-Park est* un des lieux de plaisir les plus fréquentés de Paris. Toutes sortes de distractions s'offrent aux visiteurs depuis les montagnes russes et le toboggan jusqu'à la danse. Public mêlé.

CHEZ CAMILLE DESMOULINS

5, rue des Beaujolais.

Voir page 58.

LA PIE QUI CHANTE

159, rue Montmartre.

L'esprit parisien a un temple de plus à la *Pie qui chante*. Cette Pie chante les choses les plus divertissantes sans jamais se lasser de rire et de moquer pour la plus grande joie des spectateurs. Et toute cette verve de chansons se dépense encore dans une revue habilement et lestement troussée qui termine en beauté un spectacle agréable.

LE PERCHOIR

49, rue du Faubourg-Montmartre.

Presque à mi-chemin entre la Butte et le Boulevard, *le Perchoir* tient de l'une et de l'autre la verve endiablée de ses revues ou de ses spectacles. C'est une des boîtes de Paris où l'on rit beaucoup. D'amusantes frises courent tout autour de la salle, et il n'est pas rare que dans ce petit cadre charmant la somptuosité de cette scène exiguë ne prétende égaler celle de nos music-halls.

LE CANARI

8, rue du Faubourg-Montmartre.

Le Canari est situé en sous-sol dans le grand music-hall du faubourg Montmartre *le Palace*. On y descend dans un joyeux tapage de jazz-band. De toutes les tables disposées autour de l'arène on peut suivre agréablement les exhibitions toujours particulièrement attrayantes. A partir de minuit, quand la foule du *Palace* s'est écoulée, une grande gaieté règne au Canari. Champagne.

LE COUCOU

33, boul. Saint-Martin.

Installé en plein Boulevard, *le Coucou* ne le cède en rien pour la verve et la bonne humeur aux autres cabarets de

Paris et l'on c   toujours sûr d'y passer une soirée agréable
et de franche gaieté.

CHEZ FISHER
23, rue d'Anton.

Public très élégant, malgré la simplicité de l'endroit. Une
toute petite salle, en somme une simple boutique.

La petite porte s'ouvre à minuit. Le public s'entasse
comme il peut. On y entend le célèbre chansonnier Fisher
et une dizaine des meilleurs chansonniers et diseuses de
Montmartre. On n'y consomme que le champagne.

Particulièrement mondain.

La Tournée du Quartier Latin
en une ou plusieurs soirées

La Seine divise Paris en deux : la rive droite et la gauche.

La rive gauche, qui commence à la place Saint-Michel — la Cité, le berceau de Paris, avec le Palais de Justice, la Sainte-Chapelle et Notre-Dame, étant comme un trait d'union entre les deux rives — la rive gauche comprend le vieux quartier de l'Université, la Montagne Sainte-Gene viève, le faubourg Saint-Germain, avec les Gobelins, etc.

Deux mondes bien différents, deux continents opposés, que l'étranger explorera sur les deux rives du fleuve, si proches pourtant !

La rive droite de la Seine comprend le monde des affaires, celui de la finance, le grand monde, le demi-monde, celui où l'on s'amuse, enfin toute la vie même de Paris.

La rive gauche plus provinciale est la rive studieuse. C'est surtout le **Quartier Latin,** appelé ainsi parce qu'il est le quartier des écoles. Là, se trouvent le Collège de France, la Sorbonne, le Musée de Cluny, le Luxembourg, le Panthéon, le Jardin des Plantes, l'Observatoire, les Gobelins, et du côté opposé les Ministères et la Chambre des Députés.

Le centre même de la vie à cet endroit est le **boulevard Saint-Michel,** cher aux étudiants.

Un peu plus haut que Cluny, sur le trottoir de gauche, c'est le **Soufflet** bien connu de toute la jeunesse du Quartier Latin.

Dans la rue des Ecoles, se trouve à droite la **Brasserie Balzar** où l'on mange d'excellente choucroute et où l'on retrouve des poètes de la nouvelle école.

En remontant le boulevard on trouve **la Source,** café des étudiants en médecine, puis le **Steinbach,** voisin du **d'Harcourt,** café bruyant et tumultueux.

A deux pas, **rue Cujas,** nº 3, le **Gypsy,** dancing-restaurant, où l'on ne s'ennuie pas, vers minuit, à la sortie de Bullier.

En remontant encore du côté du Luxembourg et de Bullier, on rencontre la **Taverne du Panthéon** (v. p. 62), qui s'ouvre rue Soufflot, en face du jardin du Luxembourg. Elle est très recherchée grâce à un sous-sol où l'on soupe en dansant joyeusement.

Il reste à signaler le **Café Mahieux**, au coin de la **rue Soufflot** (un des rares cafés du boulevard Saint-Michel qui soit tranquille).

Le soir, le boulevard Saint-Michel, paisible dans la journée, se métamorphose à mesure que la nuit s'avance.

Pour bien voir cet endroit dans ses moments les plus intéressants, **il faut commencer la tournée vers 18 heures.**

Aller d'abord prendre l'apéritif au bar Gypsy, à la taverne Pascal, au café d'Harcourt, ou à la taverne du Panthéon.

Pour dîner on aura le choix entre le **Café Voltaire**, situé en face de l'Odéon, le **Café Soufflet** et **Larivière, 56**, boul. Saint-Michel.

Si l'on désire se trouver en élégante compagnie, le mieux est d'opter pour la taverne du **Panthéon** où se retrouvent tous les étudiants fils de famille et leurs petites amies.

A partir de 9 heures on ira passer un moment aux cabarets artistiques.

LA BOLLÉE
rue de l'Hirondelle.

Tout près de la place Saint-Michel, c'est un caveau qui abrita de célèbres révolutionnaires sous la Terreur. La salle est petite et fait penser à un bouge, avec ses tables et ses escabeaux en mauvais bois. On y chante des chansons populaires et des romances des barrières, accompagnées sur une guitare. On ne danse pas. Un public très populaire s'y entasse.

Spécialités de cerises à l'eau-de-vie.

LES NOCTAMBULES
7, rue Champollion.

C'est le seul cabaret artistique du Quartier Latin. Le public est composé d'étudiants, de petites femmes du quartier et d'étudiantes françaises ou étrangères. De nombreux chansonniers de Montmartre vont y donner un tour de chant.

Puis on ira à **Bullier.**

LE BAL BULLIER

33, avenue de l'Observatoire.

Il y a trois soirées de bal par semaine ; le samedi, soirée de gala avec attractions.

Le *Bal Bullier* est resté le rendez-vous de toutes les catégories d'artistes, de modèles, d'étudiants et étudiantes, de commis de magasins, employés et dactylos, et même de femmes de chambre qui aiment rire et mener joyeuse vie.

Plus vaste que la salle elle-même, la prolongeant à droite sur toute sa hauteur, le *Jardin d'été* s'ouvre, plein de fraîcheur et de mystère, tel un bocage élyséen hanté par les bienheureux...

Sous l'ombre aérée d'antiques marronniers, dont les feuilles éclairées en dessous par de hauts lampadaires prennent des tons de décors, se pressent, à des tables centrales, de jolies filles aux toilettes claires. Bras dessus, bras dessous, des groupes de jeunes femmes causent et se croisent en riant comme des folles, bousculant tout le monde, heureuses d'être gaies et d'être jolies...

En sortant du bal Bullier, on ira d'abord faire une station, à la **Taverne du Panthéon** où, vers une heure du matin, on descend au sous-sol rempli d'animation et de rires, au d'Harcourt, puis au Gypsy, 3, rue Cujas.

Si l'on veut faire la tournée en une seule soirée, on ne restera que peu de temps chez Bullier et on ira faire un tour sur le **boulevard Montparnasse** ; au coin du métro *Vavin*, se trouve un des cafés les plus curieux du quartier :

LA ROTONDE

105, boul. Montparnasse.

Là tous les soirs se donnent rendez-vous les types **les plus curieux** de la bohème. Des peintres, sculpteurs, poètes, musiciens, voisinent avec de nombreux artistes étrangers. On y parle toutes les langues depuis l'idiome indien — car un des habitués, sculpteur de talent, est un ancien chef Siou qui se promène dans le costume de son pays — jusqu'à l'Allemand, en passant par les langues anglaise, russe, polonaise, italienne, et même le chinois !

C'est le café de la bohème cosmopolite.
Au premier étage on dîne, on soupe et l'on danse gaiement.
En face de la **Rotonde** se trouve :

LE DOME
108, *boul. Montparnasse.*

On y retrouve les mêmes clients, qui, désœuvrés pour la plupart ou cherchant une inspiration... qui ne vient pas toujours, vont d'un café à l'autre, attendant, en compagnie de jolies filles en général, l'heure du souper ou d'un client amateur de peinture ou de sculpture.
De la rue Champollion, descendre au boulevard Saint-Germain, le suivre à gauche jusqu'aux cafés-concerts :

LE JOCKEY
boul. Montparnasse.

La salle est très petite. Ses murs recouverts d'affiches, de peintures de tous genres lui donnent un cachet particulier, très bohème.
Dès 11 heures du soir, l'animation est grande au Jockey. On danse follement et l'on entend de vieilles chansons fort grivoises. Milieu d'artistes, d'étudiants, de gens du monde et d'étrangers.

LE CAVEAU DU CERCLE
119, *boul. Saint-Germain.*

Installé dans le sous-sol du *Café du Cercle.*
C'est à peu près le seul qui subsiste de la célèbre génération des caveaux du « Quartier Latin ».
Il appartient aux jeunes, quelquefois pleins de talent, et que préside le chansonnier Léo-Lelièvre.
Quelques types intéressants : Mariani, qui y chante avec humour des romances italiennes, et de jeunes amateurs.
Clientèle d'étudiants.

LE COLIBRI
63, *boul. Saint-Michel.*

Petite « boîte » gentille, mais qui n'a aucune couleur locale.

LE VICTORIA
au 1er étage du café Soufflet.

On y dîne, on y danse et on y soupe. C'est un des restaurants de nuit assez chic du quartier Latin.

LE RESTAURANT CHINOIS
rue de l'Ecole-de-Médecine.

On y soupe dans un joli décor. Jolies femmes qui viennent de tous les coins de Paris. Au 1er étage.

LE PASCAL

Plus modeste. On y danse mais n'y dîne pas.

LA TRIBOULETTE
243, *rue Saint-Jacques.*

Cabaret artistique. Attractions originales. Chants. Mimes.

La Tournée de la rue de la Gaîté

La *rue de la Gaîté*, derrière la gare Montparnasse, est une des plus vivantes et des plus gaîment populaires de Paris. Il faut y aller un *samedi* ou un *dimanche soir*, jour béni où les ouvriers ont touché leur « galette ». La rue est pleine de bruit, d'animation et la foule s'y presse quelquefois si serrée qu'on a beaucoup de peine à se frayer un passage. Scènes populaires et dialogues très pittoresques.

BOBINO

20, *rue de la Gaîté*.

Bobino est un music-hall populaire et original, dont les loges sont peuplées d'ouvriers et ouvrières. Même aux premières loges, des femmes en cheveux... Souvent jeunes et jolies.

Toutes les attractions possibles, depuis la chanson « asticotante » et la piécette en un acte, jusqu'aux exhibitions de jambes et d'épaules des « Revues ».

CONCERT DE LA GAITÉ-MONTPARNASSE

24, *rue de la Gaîté*.

Tout près de *Bobino*, à gauche du théâtre de *Montparnasse*. Très amusant. Types de vrais chanteurs populaires parisiens.

Y aller (de bonne heure, à 20 heures au moins) un samedi ou un dimanche.

Petite salle enfumée, parfumée de senteurs d'orange. Aux fauteuils, petits bourgeois, commerçants du quartier avec femmes et enfants.

Au balcon, ouvriers en bourgeron. Au poulailler, beaucoup de gavroches, grands lanceurs de lazzis.

Public sur lequel tout porte, manifestant ses sentiments avec un entrain frénétique, reprenant en chœur le refrain chanté par le favori.

La rue de la Gaîté, longue à peine de 200 mètres, abrite environ une vingtaine de concerts, théâtres, cinémas et une multitude de marchands de vins.

Il faut surtout voir la sortie de tous ces établissements vers minuit.

Les dessous de Paris
ou la « Tournée des Grands-Ducs »
LES HALLES

Il y a à côté du Paris nocturne des grands boulevards — du Paris joyeux et galant de Maxim's, du club Daunou et des cabarets de la Butte, — il y a un autre Paris dont la vie ne commence que le soir ; un Paris étrange, parfois horrible, quelquefois dangereux, mais combien intéressant, qui offre à l'observateur des scènes et des tableaux de mœurs qui valent ceux des Mystères de Paris.

Une expédition nocturne dans les « caboulots » voisins des Halles fera descendre l'étranger dans les vrais enfers parisiens. Cette promenade est connue des Parisiens sous le nom de « la Tournée des grands-ducs ». Inutile d'ajouter : de Russie.

Il ne serait pas prudent de s'y aventurer seul ; mais si l'on a un peu étudié les lieux le jour, de manière à s'y reconnaître la nuit, deux ou trois compagnons bien décidés, même accompagnés de dames, n'ont en général peu à craindre. On rencontre du reste partout des sergents de ville qui font leurs rondes et qui, toujours très obligeamment, vous renseignent. **On peut aussi (et cela vaudra beaucoup mieux), en s'adressant à la Préfecture de police, se faire accompagner par un agent de la Sûreté en bourgeois.**

Voici l'itinéraire que pourront suivre des curieux comme nous, qui se sont réunis à quatre (deux messieurs et deux dames) pour visiter, à dix minutes des grands boulevards, au centre même de Paris, un quartier qui semble faire encore partie du vieux Paris du xvᵉ siècle, et des établissements nocturnes qui semblent n'appartenir qu'aux romans d'Eugène Suë, de Gaboriau et de Montépin.

LA TOURNÉE DES GRANDS-DUCS

Si possible choisir un 'samedi et un soir de beau temps pour commencer la tournée vers 21 heures, en partant de la station du métro Combat, sur le boulevard de la Villette.

Dans ces parages et jusqu'au boulevard Rochechouart, en passant par celui de la Chapelle — sinistre le soir — on explorera des coins, des cabarets et des bouges recélant la plus basse prostitution et toute la lie de la populace.

En face du métro Combat, un peu à droite, après le numéro 120, monte vers les buttes Chaumont la petite **rue Monjol** que traverse la **rue Asselin,** en découpant dans le centre de cette croix un pâté de maisons loqueteuses qu'on appelle le fort « Monjol », citadelle d'amour où une douzaine de rez-de-chaussées recèlent chacun dans leurs flancs vermoulus trois ou quatre filles, toutes descendues au dernier degré de la plus basse prostitution.

Maquillées, à peine vêtues d'un simple peignoir dégrafé aux couleurs orientales, elles attendent, guettent et appellent les débardeurs et les « sidis » qui pullulent à cette heure dans les bars d'alentour et qui rôdent et se succèdent à leurs seuils demi-clos, éclaboussés d'une pâle lueur intérieure.

Ces paradis-là sont sordides et très dangereux car, malgré leur grâce souriante, ces odalisques sont surveillées par des « petits amis » en casquette et qui guettent, vigilants, le client attardé ou ivre, chasseurs de « peg » toujours à l'affût, grâce à l'obscurité complice.

Pendant la journée, elles s'installent en « négligé » à leurs seuils et raccommodent, lavent leur unique chemise, s'interpellent entre elles dans l'argot le plus pur et parfois règlent à coups de couteau leurs petits différends. L'œil toujours aux aguets de l'amateur imprévu, elles narrent les dernières prouesses de leur « homme ». Plus loin, quelques façades aux vitraux opaques surmontées d'un numéro trop voyant signalent au passant leur genre de commerce un peu particulier.

Voici maintenant la rue de la Charbonnière. C'est une rue parallèle au boulevard de la Chapelle et où tous les immeubles, hôtels, débits, ont une autre issue sur le boulevard de la Chapelle. La rue de la Charbonnière est tout particulièrement le lieu de la basse prostitution. Des femmes en cheveux attendent derrière leurs fenêtres le client qui achètera leurs bonnes grâces pour quelques francs.

A deux pas de l'entrée du **boulevard Barbès** se trouve l'un des bals favoris des habitants du quartier :

Le Polonceau. De ce côté, des agents vont et viennent, car il y a souvent des rixes.

Le patron veille au comptoir et oblige tous ceux qui entrent à déposer les cannes et parapluies, tout comme le ferait un gardien de musée vigilant.

Au fond de la salle, un emplacement est soigneusement réservé aux danseurs. Ils sont si nombreux qu'ils dansent presque sur place au son d'un orchestre relégué dans un coin. L'accordéon domine l'ensemble de son grincement énervant.,

Dès qu'une rixe ou un incident se prépare, et cela arrive de temps à autre, un gaillard appointé par le patron s'avance vers les belligérants et leur intime l'ordre de rester tranquilles. Si, emportés par la colère ou ivres, ils font mine de résister, il a vite fait de les mettre dehors. Le Polonceau est ouvert tous les samedis et dimanches et souvent les lundis et jeudis.

Non loin de là, **54, rue Myrha,** à la **salle Long,** se trouve un bal du même genre que le Polonceau. Nombreux sont d'ailleurs les bals dans ce quartier et les alentours. Ils ferment tous à minuit, mais ils continuent souvent jusqu'à deux heures dans les bars du voisinage ou derrière les volets clos. Les bals de ce quartier sont certainement parmi les moins rassurants.

Vers une heure on descendra aux Halles en prenant la rue Montmartre. Très fréquentée et très ouvrière en plein jour, la rue Montmartre se métamorphose la nuit en une voie presque sinistre.

Certains bars y sont fréquentés par de louches individus vivant on ne sait au juste de quoi et logeant qui sait où.

Près de la **rue du Croissant,** dans les cafés de dernier ordre, des camelots attendent déjà les premiers numéros des journaux du matin qu'on va mettre sous presse.

Près de la **Pointe Saint-Eustache,** des miséreux, de vieux mendiants implorent la charité du passant attardé.

Si, de la **rue Montorgueil,** on descend par la **rue Baltard** pour entrer à gauche dans l'allée centrale des Halles que l'on suivra jusqu'à la **rue Pierre-Lescot,** on verra, une quantité de ces malheureux endormis sur les trottoirs.

Un peu plus bas, place **Sainte-Opportune,** à l'entrée de la **rue Courtalon,** se trouve une maison toute semblable à une vieille auberge close, comme abandonnée, à l'enseigne de la **Grappe d'Or.**

Jusqu'à la fin de la guerre, pour quatre sous, on avait le droit de descendre dans les caves de la *Grappe d'or* ; ça mettait l'heure de sommeil à 3 ou 4 centimes. Mais les loyers augmentent maintenant, le prix est de douze sous. La soupe obligatoire coûte huit sous. C'est une nuit de vingt sous — presque du luxe...

Elle revient même à plus que ça quand on prend la chopine de vin d'aramon, qu'on appelle le « casse-pattes », dans le quartier des Halles. L'aramon est fort en alcool ; il chauffe l'estomac ; mais il alourdit la tête et ramollit les jambes. Aussitôt bu, il faut s'étendre.

Les hommes couchent sur la terre battue ; ils roulent leur veston et leur gilet sous leur tête en guise de traversin. Les femmes ont droit au banc et à la table. Elles dorment assises, la tête au creux du coude, le nez sur la table grasse. A cinq heures du matin, tout le monde doit déguerpir. « Allons, allons, plus vite que ça... »

Ça sent le vin, la crasse, les vêtements humides. Ça sent les légumes et le poisson, parce que la plupart des dormeurs ont fait, le jour, des corvées aux Halles. Il y a des vieux, des jeunes, de pauvres gamins sans travail... A personne, on ne demande : « Qui es-tu ? D'où viens-tu ? » Pas de registre. L'anonymat, doux aux bandits et aux pauvres honteux...

Du côté du Châtelet, le petit jour blafard est sinistre. Les groupes deviennent plus compacts, plus noirs.

Les pauvres loqueteux, les vieilles épuisées, les sans-asile qui errent frissonnants ou dorment quelques heures assis près d'un pavillon, chassés de leur refuge à l'heure où les Halles s'éveillent, se traînent, lamentables débris humains, vers la soupe populaire.

Comme pour accentuer encore cette misère, les abords des pavillons sont encombrés de voitures surchargées de légumes que les maraîchers déchargent avec soin.

POUR ATTENDRE LE RÉVEIL DES HALLES

On ira dans un de ces cabarets de nuit où se retrouvent, pour achever gaiement la nuit, les habitués de Montmartre et des dancings.

Si le fameux Ange Gabriel et le Caveau n'existent plus, ils sont remplacés par d'autres tout aussi divertissants.

C'est ainsi qu'à la sortie de la **Grappe d'or** on prendra la **rue des Halles**, qui déjà commence à s'animer, pour aller manger des huîtres ou une soupe à l'oignon au **Restaurant Le Chien qui Fume**, rue du Pont-Neuf coin rue Berger.

A trois heures du matin, le rez-de-chaussée, les petits salons du premier, les cabinets particuliers, tout est plein de soupeurs.

L'ensemble extrêmement divers est fort amusant. La femme en robe de soirée y voisine avec la petite ouvrière ou la fille en cheveux.

Les habituées de la maison s'embusquent dans l'escalier, guettant le client susceptible de leur payer à souper, quittes à s'éclipser à la fin du repas, n'ayant nulle envie de prolonger l'entretien.

La même scène se répète d'ailleurs dans les quatre autres restaurants de nuit des Halles ; le **Père Tranquille**, la **Vallée de Chevreuse**, le **Père Denis** et le **Grand Comptoir**.

Ce dernier situé rue Pierre-Lescot mérite qu'on s'y arrête. C'est là qu'échouent les artistes, les peintres, les poètes en mal d'inspiration, toute la bohème pittoresque de la Butte ou du Quartier Latin, hommes et femmes qui vivent la nuit et dorment le jour, terminant ici des agapes commencées au **Chien qui fume** ou à la **Vallée de Chevreuse**.

C'est surtout entre trois et cinq heures du matin qu'il faut aller au premier étage du **Grand Comptoir**.

On y voit alors tout un monde qui ne veut pas convenir de sa fatigue. Les femmes dansent sans conviction, les hommes devisent ou dorment, exténués.

A la **Vallée de Chevreuse**, rue de la Grande-Truanderie, c'est l'entassement, dans le sous-sol, des noctambules et de leurs compagnes.

Le **Père Denis**, rue Rambuteau, ne diffère pas sensiblement des précédents établissements de nuit des Halles.

LE RÉVEIL DES HALLES

Les Halles s'éveillent alors, multicolores, bruyantes, animées, dans les lueurs blanches de l'aube qui font jaunir les globes électriques.

C'est là, toute une gamme de couleurs allant du vert sombre des légumes au rouge criard de la viande saignante, c'est tout un amas de hottes, de mannes, de diables, de poussettes traînées, bousculées par des gaillards auxquels de lourdes charges ne font pas peur.

C'est un encombrement de camions, de charrettes, de voitures de maraîchers des environs de Paris.

Les débits, très nombreux et ouverts jour et nuit, attirent une foule de clients, ouvriers des Halles ou noctambules qui se réconfortent d'huîtres, de saucisses, de tripes ou de soupe.

Sur la **place Saint-Eustache**, couverte d'un tapis de paille, se tient, jusqu'à 8 heures, le marché aux carottes, aux navets et aux poireaux, où les vieilles marchandes s'asseyent sur des chaises au bord du trottoir et même jusqu'au milieu de la chaussée.

A droite tout autour du pavillon droit des Halles, se trouve le *carreau* qui reste là jusqu'à 9 heures et où resplendissent les potirons, les citrouilles, les salades disposées artistiquement sur le sol par des marchands à l'imagination fantaisiste.

Les Halles, coupées en quatre parties par la rue Baltard et la rue couverte Antoine-Carème, comprennent quatre pavillons du côté droit et six pavillons du côté gauche. De ce côté, à l'extrémité de la rue Rambuteau, se trouve le pavillon de la viande, animé par des bouchers sanglants des pieds à la tête. Les *crocs* où pendent des quartiers de bœuf ou des moutons entiers ajoutent encore au pittoresque.

A l'extrémité opposée, à **l'angle de la rue Berger**, s'ouvre le pavillon de la volaille et du gibier, où les morts voisinent avec les vivants dans une commune infortune.

En traversant la rue Baltard, le deuxième pavillon en bordure de la rue Berger est celui des beurres en gros, où les mandataires, à l'air important sous leur blouse bleue, coudoient des marchandes fraîches et parfois jolies.

Tout à côté se trouve le pavillon des fromages, où s'entassent les boules rouges des hollandes et les boîtes rondes des camemberts. L'odeur qui y règne en chasse vite le visiteur imprudent.

Le deuxième pavillon, en bordure de la rue Rambuteau est celui des poissons orné de deux viviers circulaires. Les harengères, gaillardes à carrure et à voix masculines, trônent parmi l'amas des anguilles, des turbots, des carpes, des brochets et des soles.

Enfin voici le plus agréable pavillon à visiter : celui des fleurs où l'odorat n'a rien à envier à la vue. C'est là que s'approvisionnent les fleuristes, les restaurateurs et même les ménagères économes, qui ont le courage d'aller aux Halles, à 7 heures en été et à 8 heures en hiver.

LES SOUS-SOLS

Les sous-sols des Halles qui s'étendent sous le bâtiment tout entier valent qu'on les visite (en ce cas s'adresser à un des Inspecteurs principaux (service de la Préfecture de Police), qui se tiennent dans le bureau de chaque pavillon. Entrée principale au bureau du pavillon des beurres).

Ces sous-sols donnent une impression étrange de silence, de froid et de mort. Partout se trouvent des resserres grillagées pour conserver les marchandises.

Sous le pavillon de la viande on peut voir les *cabocheurs* apprêtant les têtes de moutons ; sous celui du beurre ce sont des tables destinées au *maniollage*, c'est-à-dire au mélange des différentes espèces de beurre, opération analogue au coupage des vins.

A côté, les *mireurs d'œufs* inspectent les œufs par transparence à la lueur d'une bougie (à raison de 1.500 à l'heure environ).

Un peu plus loin, sous le pavillon de la volaille, on voit de grandes tables de pierre, où l'on tue, où l'on plume et où l'on pare la volaille.

Enfin à l'angle de la rue Baltard se tient le frigorifique.

BALS AUVERGNATS

La rue de Lappe est, près de la Bastille, une rue où les bals
se touchent presque. Des gens devant les portes grandes
ouvertes regardent danser et s'emplissent les oreilles de
musique.

Les bals se suivent et se ressemblent, à droite en entrant
le grand comptoir avec l'imposant alignement des bouteilles multicolores, à gauche sont les tables et les bancs et
au fond l'espace réservé aux danseurs ; seule l'importance
de ces salles varie.

L'entrée est gratuite ; mais on paie chaque danse généralement avec des jetons pris à la caisse pour quatre ou
cinq sous, et la consommation est obligatoire.

Parmi les femmes se trouvent beaucoup de solides gaillardes, noires de cheveux et rouges de peau, qui dansent
avec entrain et rient aux éclats. Les hommes sont en casquette, mais des casquettes honnêtes d'ouvriers ou d'employés.

Dans un autre bal, il faut, pour y arriver, s'engager dans un
long couloir. On danse au son de la musette. Tout le monde
y danse la bourrée.

En général, ces bals de la rue de Lappe, malgré le public
souvent de mauvaise mine, ne sont guère dangereux.

BAL DU QUARTIER DES HALLES

Au nº 65 de la rue des Gravilliers existe un bal. C'est
une grande salle claire et violemment éclairée. Excepté les
clients de passage et les policiers, il s'y trouve une parfaite
sélection d'habitués dont il vaut mieux ne pas entrer en
conversation.

Cependant leur tenue est correcte ; il y a rarement bataille ou bagarre. Ce n'est pas un bal débraillé ; on n'y
voit pas de voyous crasseux ni de filles mal peignées, en
robes fripées.

Rue au Maire, il y a aussi des bals ; mais ils n'ont pas du tout le même caractère. Il est même surprenant de voir une telle opposition d'une rue à l'autre.

Les bals de la **rue au Maire** sont des bals d'Auvergnats.

Au nº 25 on danse sous une voûte de guirlandes en papier vert qui imite le feuillage.

Au coin de la **rue Beaubourg,** se trouve une toute petite salle où se tient une assemblée intime et débraillée ; plus loin dans une grande salle une foule joviale s'empresse. C'est le café du **Roi de Sardaigne, au nº 13.**

Au coin **de la rue des Vertus,** le spectacle change. Il y a deux bals à cet endroit.

Le premier fait l'angle de la rue, au nº 25. Il rappelle un peu le **bal des Gravilliers** pour la lumière et la propreté. Il y a bal tous les jours sauf le vendredi. Le public est composé d'hommes et de femmes, d'un genre très spécial, de gens du quartier.

Le second bal situé au nº 15, est autrement vivant. L'atmosphère y est toute de gaieté et de mouvement. Il y a dans le public quelques ouvriers et des ouvrières, mais surtout le même genre spécial qu'au bal des Gravilliers.

L'ensemble est jovial, bon enfant et débraillé.

BALS D'APRÈS-MIDI

On retrouve ces gens dans certains bals qui donnent à danser chaque après-midi. Le plus beau jour, le plus curieux de ces bals est le **lundi** parce que ce jour-là ils bénéficient d'une clientèle un peu spéciale. Parmi ces bals il convient de citer le **Petit Balcon,** passage Thiéré, le **Bal Bousca,** rue de Lappe, et 26, avenue de Clichy, un établissement peu connu, mais fréquenté par des filles et leurs « amis ».

BALS DE BELLEVILLE ET MÉNILMONTANT

On danse à Ménilmontant quatre fois la semaine au bal de la rue Ramponneau. Ce bal est ouvert les lundis, jeudis, samedis et dimanches. Il offre un spectacle truculent et haut de couleur. Le public est composé d'ouvriers en goguette, mais l'ouvrier aime à s'amuser en famille et c'est avec sa femme, voire avec ses enfants, qu'il vient au Ramponneau.

Le samedi soir cependant le public est très mélangé, tumultueux, riche de contrastes.

Tout à côté du bal de la rue Ramponneau, sur le boulevard de Belleville, est le **Bal des Trois Lions**. Il a lieu quatre fois par semaine dans une grande salle attenant à un café. Le public est composé d'ouvriers, d'ouvrières du quartier.

BALS DE CHARONNE ET DES ENVIRONS

Boulevard Voltaire, près de la place de la Nation, se trouve le **Nation Alcazar Bal**. On s'y croirait à la Boule Noire ou à l'ancienne Galette. Tout concourt à donner à l'ensemble cet aspect romantique qu'avaient autrefois les bals de barrière. Les danseurs sont tout à fait dans la note. Public turbulent.

Au n° 219, presque au coin de la place, on trouve l'hôtel du **Roi Gambrinus**. On y danse le samedi et le dimanche au son d'un accordéon. Bal honnête et bien fréquenté.

Avenue Daumesnil, on danse dans une grande salle carrée placée sous la ligne de chemin de fer ; les trains passent sur le toit. Il est honnêtement fréquenté.

On ne peut pas en dire autant du bal qui fait le coin de **la rue Charles-Bossu**. On y danse le jeudi, le samedi et le dimanche, dans une toute petite salle.

Dans ce réduit grouille une assemblée d'hommes turbulents et de femmes souvent à peine adolescentes.

LES BALS
DE LA MONTAGNE SAINTE-GENEVIÈVE

Au coin de la **rue des Carmes** et de la **rue Lanneau** on danse le samedi et le dimanche. C'est une honnête musette dans un vieux cabaret.

Au n° **30 de la rue de la Montagne-Sainte-Geneviève**, on trouve un **bal de famille** ouvert tous les soirs sauf le mardi. On y danse avec entrain. C'est bien un bal de famille. Le public est composé en majeure partie d'ouvriers et d'ouvrières souvent assez débraillés.

Au n° 45 est le **Bal Octobre**. Le public est le même qu'au n° 30 ; mais il y a aussi des clients plus marquants ; des gaillards, des costauds à larges épaules et à grosses mains ;

toutefois ils sont moins à redouter que les *gentlemen* des Gravilliers.

Au Massif Central, rue des Anglais, on donne à danser aux Auvergnats. Pas bien loin, rue Saint-Séverin, au n° 6, en est un autre du même genre. 56, rue Galande, est encore une musette de la même espèce.

Au n° 11 de la rue de la Huchette, se trouve enfin le Bal Bouscatel : il n'a ni pittoresque ni couleur. Il est bien paisible et bien sage. Il faut dire aussi qu'il est situé juste en face d'un commissariat de police !

Bals d'Artistes

BAL DES QUAT'Z'ARTS

Le Bal des Quat'z'Arts n'est pas une fête comme une autre. C'est le dernier refuge de la Fantaisie de l'Ecole des Beaux-Arts. Malgré la réputation d'orgie démoniaque qui fut faite au bal, il n'y a aucune perversité dans les extravagances commises au cours de la folle nuit.

Une des grandes attractions des Quat'z'Arts a toujours été le retour à l'Ecole en costume le lendemain du bal.

Le bal des Quat'z'Arts est toujours une reconstitution d'époque : moyen-âge, Grèce antique, Perse, ancienne Egypte. Il a lieu entre le mois de février et le mois de mai, environ à une date fixée par ceux qui l'organisent. (Sur invitation.)

BAL DE L'INTERNAT

Le bal de l'Internat est le bal des « carabins », c'est-à-dire des internes et des externes des hôpitaux. Le bal a lieu aussitôt après le concours de l'Internat. Il n'a pas tout à fait le même aspect que le bal des Quat'z'Arts ; on y trouve beaucoup moins de somptuosité, moins de tenue artistique, mais par contre plus de fantaisie. Il n'y a pas d'unité ; chaque hôpital compose sa longe et son cortège comme il l'entend. Son humour est souvent macabre ; il a quelque chose de brutal et de cynique que n'ont pas les bals d'artistes. Cependant au fond les deux bals se ressemblent :

la même gaieté y règne et cette exubérance, cette liberté qui sont autant de défi à la morale bourgeoise. (Sur invitation.)

LE BAL JULLIAN

Le Bal Jullian est le plus ancien des bals d'artistes qui existent actuellement. Il y règne une gaieté débraillée et bon enfant. Grecs, Chinois, cow-boys, guerriers casqués, hussards chamarrés, et leurs amies peu ou prou vêtues de gazes légères ou de leur seule pudeur, s'en donnent à cœur joie. (Sur invitation.)

LES BALS DE L'OPÉRA

Enfin, il convient de citer les bals de l'Opéra qui ont lieu plusieurs fois par an sur un thème donné ; couleur, époque, reconstitution historique et qui offre sinon une gaieté bien grande, tout au moins une somptuosité de costumes remarquable.

Les bals de l'Opéra sont souvent donnés au profit d'une œuvre de bienfaisance.

Ils sont suivis par un public toujours très élégant.

Les bals de l'Opéra n'ont pas lieu à des dates fixes.

Principaux Termes d'Argot

Les étrangers qui visiteront Paris entendront souvent dans la rue, au théâtre, dans les cafés-concerts, dans tous les lieux publics, des mots et des expressions auxquels ils ne comprendront rien et dont aucun dictionnaire, sauf ceux « d'argot », ne donne la signification. On nous saura donc gré d'avoir dressé ici une liste des mots principaux.

A

Abouler (s') .... Donner, servir quelque chose, (s') arriver.
Accoucher .... Dire ; avouer avec peine, à son corps défendant.
Affutiaux .... Jambes grêles.
Allumer .... Regarder, exciter des yeux et du geste.
Andouille .... Personne bête.
Artiche .... Argent. On dit aussi : braise, beurre, pognon, pèze, os.
As de pique (Etre vêtu ou fichu comme un). Etre mal vêtu, avoir les vêtements en désordre.

B

Baba (Etre) .... Etre ébahi. J'en suis tout baba.
Bahut .... Lycée, collège, on dit aussi bazar, boîte.
Baigner (Envoyer quelqu'un). Le remercier. (En mauvaise part.)
Bateaux .... Souliers, on dit encore : croqueneaux, godillots, grolles, bottines, péniches, pompes, ribouis. Monter un bateau : tromper quelqu'un.
Bécane .... Bicyclette.
Béguin .... C'est mon béguin : c'est celui ou celle que j'aime. Avoir un *béguin* pour... Aimer follement.
Beuglant .... Café-chantant de bas-étage.
Biche ou Bibiche ..... Femme de mœurs légères qui fait le racolage.
Bidard .... Heureux.
Bidoche .... Viande.
Biture .... Avoir une biture, avoir trop bu, trop mangé, être niais.
Bombe .... Faire la bombe, faire des excès de table et de boissons.
Boule .... Tête ; perdre la boule, perdre son sang-froid.
Bouis-Bouis .... Café-concert de dernier ordre.
Bricheton .... Pain.
Briffer .... Manger ; on dit encore becqueter.

C

Cabot................	Chien ; caporal ; acteur ou chanteur de café-concert, de petit théâtre.
Cabotin.............	Dimin. de cabot (*acteur* seulement).
Caboulot............	Cabaret.
Calé................	Savant, apte à quelque chose.
Calicot.............	Employé de magasin de nouveautés.
Camoufle............	Chandelle.
Cancan.............	Raconter ; danse spéciale, on dit aussi *chahut*.
Cannasson..........	Cheval.
Casquer............	Payer, on dit aussi « éclairer ».
Casse-gueule........	Bal de barrière.
Cavaler (Se)	Courir, se sauver.
Chahut.............	Bruits, vacarme ; on dit encore chambard, raffut, pétard.
Chameau............	Canaille, grossier personnage.
Chasses............	Les yeux, on dit encore : mirettes.
Chauffer (Se faire)...	Se faire —, se faire prendre.
Chic................	Beau, agréable.
Chichi..............	Ne faites pas de chichi, taisez-vous.
Chiendent...........	Ennui, difficulté. Voilà le chiendent ! Voilà la difficulté.
Chigner.............	Pleurer.
Chlinguer...........	Sentir mauvais, on dit aussi : carner, repousser, emboucaner, fouetter.
Chopin..............	Bonne affaire.
Chopper.............	Prendre.
Chouette............	Beau, bien mis, agréable.
Clou................	Fait marquant, spectacle à sensation ; le « Mont-de-Piété »
Cocotte.............	Fille galante.
Colle...............	Mensonge, — question d'examen.
Collé (Etre).........	Demeurer et vivre avec sa maîtresse.
Collignon...........	Nom d'un cocher assassin qui est resté aux cochers de fiacre (en mauvaise part).
Crachoir (Tenir le)...	Bavarder sans interruption.
Crêper (le chignon)..	Se battre (entre femmes).
Cuite...............	Excès de boisson, être cuit, être ivre, et aussi : être pris, être perdu sans retour ; — se cuiter : s'enivrer.
Culbutant...........	Pantalon, on dit aussi : grimpant, falzar.
Culot...............	Aplomb, toupet. « Il a du culot. »

D

Daim...............	« Vieux daim », imbécile.
Danse..............	Coups de poing ou de bâton.
Daron-onne.........	Père, mère. On dit aussi : *Dab* et *dabesse*.
Débiner............	Médire de quelqu'un. Se débiner : se sauver.

Débine	Misère noire.
Dèche	Misère, battre la dèche : être dans la misère.
Dessalé	D'allures libres, et de langage cru.

E

Escoffier	Mettre à mal, tuer.
Estamper	Voler.
Estourbir	Tuer, assassiner.

F

Fayots	Haricots.
Fermer	Se taire. « Ferme ! » Tais-toi.
Fiole	Figure.
Flanche	Individu quelconque.
Flancher	Faillir, ne pas oser faire quelque chose.
Flanelle (Faire)	Rester dans un café sans consommer. Flâneur amoureux.
Flic	Agent de police.
Flute	Comme « Zut ! »
Fourneau	Imbécile.
Frangin	Frère.
Frangine	Sœur.
Frimousse	Jolie figure.

G

Galette	Argent.
Galurin	Chapeau.
Gigolette	Petite ouvrière qui fréquente les bals publics et frise la fille galante.
Gigolo	Masculin de gigolette.
Gigue	Jambe.
Gironde	Jolie femme.
Gniaf	Cordonnier.
Gogo	Personne facile à tromper.
Godiche	Niais.
Gondoler (Se)	S'esclaffer, rire.
Gosse	Enfant ; *une gosse*, gentille petite femme.
Gouape ou Gouapeur	Voyou.
Gourde	Imbécile, niais, emprunté.
Gratte (Il y a de la)	On peut encore tirer bénéfice de quelque chose.
Grinche	Assassin, voleur, souteneur.
Gueule	Figure ; « Ta gueule ! » — Tais-toi.
Gueule de bois	Malaise général que l'on ressent les lendemains d'orgie. Synon. : Mal aux cheveux.
Guimbarde	Mauvaise voiture.

H

Horizontale.........	Fille galante de haut vol.
Hurf...............	Joli, beau, « voilà quelque chose de hurf ! »

J

Jules..............	Water-closet ou pot, de chambre.
Jus................	La pluie.
Juter.............	Pleuvoir.

K

Kif-Kif (C'est)......	C'est la même chose.

L

Lapin (Poser un)....	Mentir à sa promesse.
Larbin.............	Domestique de bonne maison.
Lascar.............	Roué, un fier lascar, un solide et rusé gaillard.
Linge (Un).........	Une femme.
Liquette...........	Chemise.
Louf ou Loufoque....	Fou, écervelé.
Louplot............	Enfant.

M

Maboul............	Qui a perdu la raison.
Macchabée.........	Cadavre.
Mac ou Maquereau...	Individu qui vit de la prostitution des femmes.
Malin.............	Faire le *malin*, se vanter. Pas *malin*, pas difficile à faire.
Marcher (Faire).....	Faire passer quelqu'un où on veut. Je ne marche pas ! je refuse !
Marmite...........	Femme qui entretient un homme.
Marron............	Coup de poing.
Marronner.........	Se tourmenter, être en colère.
Marteau...........	Il est *marteau*, il est toqué, fou.
Mastroquet........	Marchand de vin.
Mèche (Il n'y a pas).	C'est impossible.
Mégot.............	Bout de cigare, de cigarette, on dit aussi un orphelin.
Miché.............	Jeune élégant, qui dépense beaucoup d'argent avec les femmes.
Micheton..........	Petit miché, faux miché, petit garçon.
Midinette..........	Petite main, c'est-à-dire ouvrière de la couture et de la mode.
Moche.............	Laid.
Molard............	Crachat ; molarder, cracher.

Môme................ Enfant.
Morue............... Basse prostituée.

N

Nèfles............. Des *nèfles*, des *dattes* : ah ! non alors.
Nettoyé............ Ruiné.
Noir (Petit)....... Tasse de café.
Nou-Nou............ Nourrice.

O

Œil................ Mon œil ! c'est-à-dire « non, jamais ! » Taper
                    de l'œil : dormir A l'œil, c'est-à-dire gra-
                    tuitement.

P

Paf (Il est paf !)..... Ivre à rouler sous la table.
Pagnoter (Se)....... Se coucher.
Paillasse........... Saltimbanque, personne drôle. Se faire crever
                     la paillasse : se faire tuer.
Pain............... Coller un pain sur la hure : frapper.
Panade............. Misère noire, dèche.
Panné.............. Ruiné.
Pante.............. Bourgeois, individu quelconque.
Paradis, poulailler... Dernier étage d'un théâtre.
Parigot............ Parisien.
Partie carrée....... Partie de plaisir à quatre.
Paumer............. Saisir, attraper.
Peau............... Femme de mauvaise vie.
Pédard............. Bicycliste mal équipé.
Pègre.............. Voleur.
Peloter............ Pousser le flirt au delà des limites permises :
                    flatter quelqu'un.
Pelure............. Vêtement.
Pépin.............. Parapluie, synon. : riflard. Avoir un *pépin*
                    pour quelqu'un : l'aimer follement,
Pétard............. Faire du pétard, c'est-à-dire du vacarme.
Pieds (Avoir les pieds nickelés, gelés, plats). Refuser carrément quel-
                    que chose.
Pied-de-cochon (Jouer un). Jouer un mauvais tour à quelqu'un.
Pierreuse.......... Fille de bas étage.
Pieu............... Lit.
Pige............... Année. Cet homme compte 5 piges.
Piger.............. Attraper, saisir le secret de quelque chose.
Pignouf............ Personne grossière, mal élevée.
Plat (Faire du)...... Courtiser bassement.
Pistole............ Mauvais garnement.
Poire.............. Figure, tête.
Poisser............ Attraper. Se faire poisser. Se faire prendre.
Poivrot............ Ivrogne.

Pomper............... Boire outre mesure.
Pompier.............. Suranné et ridicule. « C'est pompier ».
Popote............... Cuisine. Femme *popote* : très bourgeoise, un
                      peu bête.
Postillons (Envoyer des). Cracher en parlant.
Potard............... Pharmacien.
Potasser............. Travailler (avec acharnement).
Purée................ Dèche, misère noire.
Purge................ Correction, volée de coups.
Purotin.............. Individu misérable.

Q

Quilles.............. Jambes.
Quinquets............ Les yeux.

R

Rabiau (Il y a du) ... Il y a des restes, et l'on peut en bénéficier.
Radis................ Argent. Je n'ai pas un *radis*, je n'ai pas un sou.
Rasoir (C'est)....... C'est ennuyeux ; un raseur ; un individu
                      ennuyeux.
Refaire. (J'ai été refait). Voler, tromper.
Reluquer............. Regarder.
Remoucher............ Fermer la bouche à quelqu'un.
Repiquer............. Revenir aux mêmes errements, aux mêmes
                      plaisirs.
Repousser............ Puer. *Repousser du* goulot, avoir l'haleine forte.
Retape (Faire la)..... Se dit des femmes qui font le racolage sur
                      le trottoir.
Ribote (Etre en)..... Etre ivre.
Rigolo............... Drôle.
Ripaton.............. Pied.
Rond................. Ivre.
Roublard............. Rusé.
Rouflaquette......... Mèche de cheveux que les voyous se ramènent
                      sur les tempes.
Roulant (C'est) ..... C'est drôle, c'est tordant.
Roupie (C'est)....... C'est laid, piètre. Ce n'est pas de la *roupie* de
                      singe : cela a de la valeur.
Rouquine............. Personne rousse.
Rouspéter............ S'emporter, se fâcher.
Rousse (La).......... Police.
Rousti (Etre)........ Etre perdu sans retour.
Rupin (C'est)........ Elégant.

S

Sauce................ Boue, pluie.
Sergot............... Sergent de ville.
Sifflet.............. Habit noir de soirée. On dit aussi queue de
                      morue.

Singe...............	Patron.
Soupé (Avoir)........	Être fatigué, dégoûté de quelque chose.
Suer (Faire)..........	Ennuyer, déplaire.

T

Tabac (Passer à).....	Battre à laisser pour mort.
Taf................	Peur.
Tante..............	Pédéraste.
Tante (Ma).........	Le Mont-de-Piété (le clou).
Taper.............	Emprunter. Tapeur : individu qui vit d'emprunts. Se taper. C'est tapé : c'est réussi et aussi c'est fort.
Teuf-teuf..........	Véhicule automobile à pétrole.
Tifes..............	Cheveux.
Tignasse..........	Chevelure.
Tire-jus...........	Mouchoir.
Toc-Toc...........	Fou, écervelé.
Toquante..........	Montre.
Tourte............	Imbécile.
Trac..............	Grande peur.
Trimardeur........	Vagabond qui court les routes.
Trimballer.........	Promener quelqu'un par monts et par vaux.
Trimer............	Travailler péniblement.
Trottin (Un).......	Petite ouvrière.
Truc (Faire le)......	Se dit des femmes qui font le trottoir.
Tube.............	Chapeau haut de forme.
Tuile.............	Événement désagréable.
Tune.............	Pièce de cinq francs.
Turbin...........	Travail ; turbiner : travailler.

V

Vadrouille.........	Promenade nocturne et tapageuse.
Vanné.............	Fatigué, harassé.
Veste (Remporter une)	Recevoir un affront, subir un échec.
Veuve (La).........	La guillotine.
Vis (Serrer la)......	Maîtriser.
Voyou.............	Gamin effronté.

Z

Zanzibar..........	Partie de dés. On dit aussi : Faire un *juge de paix* sur le *zinc*.
Zigue.............	Un bon zigue, un bon garçon.
Zinc (Sur le)......	Chez le marchand de vin.
Zut !.............	Non ! vous m'ennuyez.

TABLE DES MATIÈRES

—— Fontenay-aux-Roses ——
Imp. LOUIS BELLENAND ET FILS
————— 37.250 —————